国外防止延迟支付
法律文件汇编

工业和信息化部中小企业局 编译

知识产权出版社
全国百佳图书出版单位

图书在版编目（CIP）数据

国外防止延迟支付法律文件汇编 / 工业和信息化部中小企业局编译. —北京：知识产权出版社，2018.1
ISBN 978-7-5130-5175-0

Ⅰ.①国… Ⅱ.①工… Ⅲ.①企业法—研究—世界 Ⅳ.①D912.290.4

中国版本图书馆CIP数据核字（2017）第239750号

责任编辑：刘 爽　　　　责任校对：谷 洋
封面设计：春天书装工作室　责任出版：刘译文

国外防止延迟支付法律文件汇编

工业和信息化部中小企业局　编译

出版发行：知识产权出版社有限责任公司		网　　址：http://www.ipph.cn	
社　　址：北京市海淀区气象路50号院		邮　　编：100081	
责编电话：010-82000860 转 8125		责编邮箱：39919393@qq.com	
发行电话：010-82000860 转 8101/8102		发行传真：010-82005070/82000893	
印　　刷：北京嘉恒彩色印刷有限责任公司		经　　销：各大网上书店、新华书店及相关专业书店	
开　　本：700 mm×1000 mm　1/16		印　　张：10	
版　　次：2018年1月第1版		印　　次：2018年1月第1次印刷	
字　　数：156千字		定　　价：38.00元	
ISBN 978-7-5130-5175-0			

出版权专有　侵权必究

如有印装质量问题，本社负责调换。

编委会

主　　编　马向晖
副 主 编　田　川
编　　委　秦志辉　郑　红　叶定达　陈　滨　刘　怡　李　毅
　　　　　张海鹰　王岩琴　王海林　廉　莉　周　健　牟淑慧
　　　　　刘源超　冯秀娟　郭成龙　李　杰
编　　译　郭成龙　黄　婧　萨楚拉　蒋佳妮　陈倩倩　郭旭阳
统稿编审　王岩琴　李　杰

序 言

近年来,受世界经济复苏缓慢、国内经济下行压力加大等影响,市场需求低迷导致部分企业经营困难,账款回收期延长,企业间资金拖欠现象较为普遍,部分政府所属机构或政府项目也存在拖欠项目资金或费用的现象,特别是大企业拖欠小微企业货款或服务费用现象更为普遍,加剧了小微企业资金困境,小微企业反应强烈。对此,国务院高度重视,要求有关部门抓紧研究解决企业之间资金相互拖欠问题。工业和信息化部中小企业局按照《国务院关于进一步支持小型微型企业健康发展的意见》(国发〔2012〕14号)提出的"研究制定防止大企业长期拖欠小型微型企业资金的政策措施"要求,组织开展了《防止大企业长期拖欠小微企业资金政策研究》,并对制造业小型微型企业开展了有关问卷调查。调查显示:企业之间,特别是大企业拖欠小微企业资金情况十分严重,近六成的企业存在被买方拖欠货款的情况,拖欠问题直接导致约有五成的企业拖欠其他企业账款、近两成的企业拖欠职工工资。

从调查情况看,大企业拖欠小微企业资金的主要原因是市场公平交易法律制度尚不健全,社会信用体系有待完善。在防止大企业拖欠小企业资金方面,国内尚无专门立法,仅在《民法通则》《合同法》《公司法》《反垄断法》中对履约、诚实守信等有原则性表述,对具体拖欠行为没有针对性和可操作性,缺乏具体的处罚措施。

在市场经济条件下,大企业与小微企业之间的公平交易必须依靠法律和制度给予保障。按照"合同自由原则",企业有选择合同对象、选择是否签订合同、决定合同内容(包括货款的支付日期、支付方法等)和合同签订方式的自由。如果不对"合同自由原则"加以限制,处于市场优势地位者有可能利用其优势,导致不公正的交易,损害处于弱势地位者的利益。因此,许多国家制定了专门法律,对市场主体之间的商业交易行为进行规范,特别是制定专门法律来规范和解决企业间资金支付和拖欠问题,防止大企业利用市场优势地位侵害小微企业的利益。欧盟的《关于打击商业交易中延迟支付的法令》、英国的

《延迟支付商业债务（利息）法案》、德国的《加速到期支付法》、美国的《及时付款法》、日本的《防止拖延支付转包费法》和《防止拖延支付政府合同费法》，都对市场主体之间的拖欠行为、支付责任及相关处罚措施等做出了明确规定，以确保公平交易，保护广大中小企业的利益。

另外，在促进中小企业相关法律中，有些国家对大企业拖延支付小企业资金问题做出相关规定。如印度的《中小微企业发展法》设有"防止对小微企业延迟付款的规定"专章，对买方付款责任、应付款项及利息支付、争议调解和仲裁等方面，做出了具体规定。如韩国的《促进大中小企业合作法》设有"委托交易的公平性"专章，对委托企业向受托企业支付货款日期及罚息、货品检验的合理化、技术数据保管和保密、争议调解等，也都做出了具体规定。

鉴此，我局组织开展了国外防止延期支付法律的收集、翻译、汇编工作，翻译了欧盟、英国、德国、美国、日本、韩国、印度等国家和地区相关法律，形成了《国外防止延期支付法律文件汇编》。他山之石，可以攻玉；希望该书能为有关部门和专家学者研究制订有关促进市场主体公平交易、防止大企业拖欠小微企业资金的有关法律政策提供参考和借鉴。同时，也希望社会各界更加关注中小企业合法权益保护问题，共同营造促进中小企业健康发展的社会环境。

在此，也对工业和信息化部国际经济技术合作中心涉外法律研究所在收集、翻译、出版《国外防止延期支付法律文件汇编》过程中所付出的辛勤努力表示感谢！

工业和信息化部中小企业局局长

目 录

欧洲议会及欧盟理事会关于打击商业交易中
延迟支付第 2011/7/EU 号指令 ·················· 1

德国加速到期支付法 ·················· 16

英国 1998 年延迟支付商业债务（利息）法案 ·················· 21

美国及时支付法 ·················· 34

日本防止拖延支付转包费法 ·················· 39

日本防止拖延支付政府合同费法 ·················· 52

韩国转包合同公平交易法 ·················· 59

韩国促进大中小企业合作法 ·················· 100

韩国促进大中小企业合作法的施行令 ·················· 124

印度 2006 年中小微企业发展法 ·················· 138

欧洲议会及欧盟理事会关于打击商业交易中延迟支付第 2011/7/EU 号指令

（2011年修订版）

（与欧洲经济区相关文本）

欧洲议会及欧盟理事会，

考虑到《欧洲联盟运作条约》，特别是其第 114 条；

考虑到欧盟委员会的建议；

考虑到欧洲经济与社会委员会的意见；

根据普通立法程序，

鉴于：

1. 2000 年 6 月 29 日欧洲议会和欧盟理事会关于打击拖欠商业交易款的第 2000/35/EC 号指令即将面临一系列重大修改。为澄清并确保合理性，将对有关法条进行修订。

2. 在内部市场由一个经济主体向另一经济主体或向政府部门提供的大部分货物和服务，一般情况下供货商会给客户一个推迟付款的时间，由双方在发票中约定或在法律中做出规定。

3. 经济主体之间、经济主体与政府部门之间商业交易的很多付款时间实际上晚于合同约定或一般商业规则规定的时间。即便货物已经交付或者服务已经提供，有很多相应的发票是在截至期限之后支付的。这种延迟付款现象对供应商资金流动性造成了负面影响，并使供应商的财务管理更加复杂。当债权人由于被拖欠而不得不进行外部融资时，其竞争能力和盈利能力也受到了影响。在经济下行期融资更为困难时，这种负面影响大幅增加。

4. 在理事会 2000 年 12 月 22 日第 44/2001 号关于民商案件的管辖权、判决承认和执行的条例、欧洲议会的第 805/2004 号条例以及理事会 2004 年 4 月 21 日制定的关于无争议索赔的欧盟执行规定、欧洲议会的第 1896/2006 号条例以及理事会 2006 年 12 月 12 日制定的关于付款程序的欧盟规定、欧洲议会的第 861/2007 号的条例以及理事会 2007 年 7 月 11 日制定的欧盟小额索赔程序中均有关于延迟支付的司法规定。然而，为打击商业交易中的延迟支付行为，有必要制定补充条款。

5. 企业应当能够在跨境交易并不比在国内交易风险更大的情况下在内部市场自由交易。如果国内交易与跨境交易规则有本质差异，将会造成竞争扭曲。

6. 在 2008 年 6 月 25 日的委员会通讯《小企业优先——欧盟小企业法》中，欧委会强调了拓宽中小企业的融资渠道，以及营造商业交易及时付款的法律和商业环境。应当指出的是，政府部门在这方面负有特别的责任。委员会 2003 年 5 月 6 日的第 2003/361/EC 号建议中关于微型、小型、中型企业的定义中规定了中小企业的界定标准。

7. 委员会联络委员会 2008 年 11 月 26 日发布的"欧洲经济复苏计划"中的优先行动之一便是减少行政负担和促进创业，尤其是通过确保提供商品和服务的账单（包括对中小企业）必须在一个月之内付清这一原则性做法，以缓解资金紧张。

8. 本指令的适用范围仅限于商业交易中作为酬劳的支付。本指令不适用于与消费者间的交易、与其他的支付相关的利息，例如支票与商业汇票相关法律下的支付，或损害赔偿款的支付（包括保险公司的赔付）。此外，成员国必须排除破产程序导致的债务，包括债务重组程序。

9. 本指令适用于所有的商业交易，包括私营企业之间、国有企业之间，或者企业与政府部门之间（考虑到政府部门对企业有大量付款行为）。因此，也适用于主承包商与其供应商和分包商之间的商业交易。

10. 本指令也适用于自由职业者，不要求成员国在本法之外将自由职业者按企业或商人对待。

11. 本指令所适用的因酬劳而进行的货物交付和服务提供也应包括公共工程和建筑的设计和施工、土木工程的设计与执行。

12. 由于多数成员国规定延迟支付款项仅支付低息甚至无息，且/或索偿程序缓慢，构成违约行为的延迟支付对债务人在财务上更有吸引力。将排除收取利息权利的做法视为显失公平的合同条款或者行为，有必要坚决转向及时支付以扭转这种趋势和打击延迟支付行为。这种转变还应引入付款期和对债权人赔偿的具体规定，此外排除补偿追讨费用的权利也应推定为显失公平。

13. 因此，必须对企业与企业之间的合同付款期限做出限定，作为一般原则，应在 60 日以内。然而在某些情况下，企业可能要求更宽松的付款期限，比如企业可能希望为客户提供贸易授信。因此，应当允许交易双方可以明确约定 60 日以上的付款期，但是付款期限的延长对于债权人而言是显失公平的。

14. 考虑到欧盟立法的一致性，欧洲议会 2004/17/EC 号指令关于"合同主体"的定义，及理事会 2004 年 3 月 31 日关于协调运营水、能源、交通和邮政等机构的采购程序，以及欧洲议会 2004/18/EC 号指令及理事会 2004 年 3 月 31 日协调关于公共工程合同、公共产品供应合同和公共服务合同的程序，应当与本指令的目的一致。

15. 法定拖欠利息应当按照简单利率，按日计算，以与理事会 1971 年 6 月 3 日第 1182/71 号条例一致，该条例规定了期限、日期和时间限制。

16. 本指令不应当强制债权人索取延迟支付利息。在延迟支付的情况下，本指令应当允许债权人在不必事先进行不履行通知或其他类似通知提醒债务人付款义务的情况下，要求支付拖欠利息。

17. 若债权人在完成其法定合同义务后，仍未能在截止日时随意支配应收款项，则债务人应被视为延迟支付，债权人有权要求获得延迟支付利息。

18. 发票是要求付款的凭证，是货物和服务交易过程中的重要文件，尤其是其还决定着付款截止期限。为实现本指令目的，成员国应当推动系统建设，赋予债务人收到发票的确切日期在法律上的确定性。包括在电子发票的使用中，收受电子发票可以形成电子证据，在理事会 2006 年 11 月 28 日关于增值税统一系统的 2006/112/EC 指令中有关开具发票的条款对此进行了部分规定。

19. 为打击延迟支付的情况，有必要使债权人获得因拖欠产生的追讨成本的合理补偿。追讨成本还应当包括对因延迟支付产生的管理费用的追讨和内部成本的赔偿，本指令应当规定一个固定的最小金额，并可能与延迟支付利息累计计算。固定金额形式规定的赔偿的目的应在于限制与追讨相关的管理费用及内部成本。法院可依据国内法的规定对因债务人延迟支付造成的其他损失而判决对债权人进行赔偿，对追讨成本的赔偿不应违背这一国内法规定。

20. 除获得能弥补内部追讨成本的一笔固定金额的权利外，债权人还应享有获得由于债务人延迟支付导致的其他追讨成本的权利。特别是，债权人负担的支付律师费或者雇佣债务收取代理机构的费用。

21. 本指令不应与成员国权利相悖，各国有权规定更高、对债权人更有利的对追讨成本的固定数额赔偿，或者提高固定金额，尤其是要与通货膨胀率保持一致。

22. 本指令不应禁止分期付款或错期付款。但每一笔分期付款或错期付款都应当按照合同约定的条款支付，并适用本指令规定的关于延迟支付的其他条款。

23. 一般而言，政府部门相比企业，受益于更安全、可预测和持续的收入来源。此外，许多政府部门可以比企业以更有利的条件获得融资。与此同时，与企业相比，政府部门并不依赖于构建稳定的商业关系而达成目的。企业由于政府部门购买商品和服务较长的付款期和延迟支付而产生不合理费用。因此对于企业向政府部门提供货物和服务的商业行为应当加以具体规定，并应特别规定付款期通常不能超过30日。除非合同中明确另行约定，并且考虑到合同的特殊性质和特点该约定客观上是公平的，则可以延长付款期，但在任何情况下，付款期都不能超过60日。

24. 但应当考虑政府部门以公共事业的身份在市场上提供货物或服务，开展工商业性质的经济活动的特定情况。若为此目的，成员国应当被允许在一定条件下，延长法定付款期限至最多60日。

25. 延迟支付之所以备受关注的一个特殊原因是大部分成员国的医疗服务问题。随着老龄化、预期寿命增长、医学进步，作为欧洲社会基础设施的基本组成部分的医疗保健系统，不得不在患者需求与有限的财务状况两者间进行平衡。所有医疗系统需要应对在平衡个人患者和有限财务来源的情况下，优先医疗保健所带来的挑战。因此，成员国应当能够给予提供医疗服务的公共事业机构在履行责任时一定的灵活性。为此，应当允许成员国在一定条件下延长法定付款期限至最多60日。不过，成员国应尽一切努力确保医疗机构在法定付款期内付款。

26. 为了不损害本指令的目标，成员国应当确保在商业交易中的接受或验收的最长期限一般不超过 30 日。不过，当合同特别复杂并在合同中或在任何招标文件中有明确约定，并且对债权人没有显失公平的，验收期限可以超过 30 日。

27. 在融资和商业关系方面，欧盟机构的情况与成员国政府部门的情况类似。2002 年 6 月 25 日的理事会第 1605/2002 号适用于欧洲共同体总体预算的财政条例规定联盟机构的支出验证、授权和支付必须在实施细则规定的时限内完成。实施细则规定在 2002 年 12 月 23 日的委员会第 2342/2002 号条例中，该条例对委员会第 1605/2002 号适用于欧洲共同体的总体预算的财政条例做出规定，并详细说明了在何种情况下债权人应当收到延迟支付的利息。在对这些条例进行回顾的背景下，应该保证欧盟机构的最长付款期限与本指令对政府部门规定的法定期限一致。

28. 本指令应禁止滥用合同自由原则使债权人受损。因此，在有关付款的日期或期限的合同条款或行为中，延迟支付的利率或追讨成本赔偿在对债务人有关的条款中没有依据，或者该条款仅出于债务人以牺牲债权人利益为代价获取更多资金流动性的目的，则可能被视为构成滥用。为此目的，且依据学术界"欧洲示范民法典草案"，任何明显背离良好商业实践并违背诚信和公平交易原则的合同条款或行为应当被视为对债权人不公平。特别是，完全排除收取利息的权利应该被认为是显失公平的，而排除对追讨成本获得赔偿的权利也应该被认为是显失公平的。本指令不应当影响国内法与合同缔结方式有关或对债务人不公平的合同条款效力的规定。

29. 为努力防止滥用合同自由原则损害债权人利益，官方应当授权作为企业代表的机构和对代表企业具有合法利益的机构，可以在国内法院或行政当局采取行动，以阻止对债权人显失公平的合同条款或行为的继续使用。

30. 为了有助于实现本指令的目标，成员国应当传播良好商业行为，包括鼓励公开及时付款人的名单。

31. 如果所有权保留条款与国际私法所指向的国内条款一致并有效，则应当确保债权人有权在欧盟境内在非歧视原则的基础上行使所有权保留条款。

32. 本指令仅对"强制执行条款"做出定义，但不应当对强制执行条款的各种程序或在什么条件下强制执行条款可以停止或暂停做出规定。

33. 只有当延迟支付有配套赔偿程序，且该程序对债权人是快速和有效的，延迟支付的后果才具有惩戒作用。依据《欧盟运行条约》第18条规定的非歧视原则，以上程序应适用于在欧盟内设立的所有债权人。

34. 为促进本指令规定的实施，成员国应当鼓励调解或以其他替代性争端解决方式解决纠纷。欧洲议会的2008/52/EC号指令和理事会2008年5月21日在关于在民商案件调解的特定方面已经设置欧盟层面的调解制度框架，尤其是针对跨境纠纷，但也不妨碍其在国内调解制度中的运用。特别是成员国也应当鼓励利益相关方制定自律行为准则以促进本指令实施。

35. 不论债务额大小，应当确保针对商业交易延迟支付相关的无争议诉求的追讨程序在一个较短的期限内完成，包括通过加速程序解决。

36. 本指令的目的为打击欧盟内部市场的延迟支付行为，由于这一目的在成员国层面不能充分实现，鉴于其规模和效果，可在欧盟层面更好地实现，欧盟可以采用与《欧洲联盟条约》第5条规定的权力自主原则一致的措施。按照《欧洲联盟条约》第5条规定的比例原则，本指令并不超越实现以上目标必需的程度。

37. 将本指令转换为国内法的义务应该局限于那些相比2000/35/EC号指令有实质性修改的条款。对未修改条款的转换义务是2000/35/EC号指令规定的。

38. 本指令不得与对各个成员国规定的将其转换为国内法的时间限制义务以及2000/35/EC号指令的适用相悖。

39. 按照《欧盟机构间协定》第34条关于完善立法的规定，鼓励成员国基于自身和欧盟利益，尽可能制作说明本指令与其转换措施之间关系的表格，并向社会公开。

欧洲议会及欧盟理事会关于打击商业交易中延迟支付第 2011/7/EU 号指令

本指令规定：

第一条【适用范围】

1. 该指令的目的是打击商业交易中的延迟支付行为，从而保障内部市场的规范运行，进而培育企业（尤其是中小企业）的市场竞争力。
2. 该指令适用所有商业交易支付酬劳的付款行为。
3. 成员国应当排除涉及债务人破产清算程序的债务，包括债务重组的程序。

第二条【定义】

为实现本指令目的，做出以下定义。

1. "商业交易"指企业之间或企业与政府部门之间，为获取报酬而交付货物或提供服务的交易行为。
2. "政府部门"指符合欧盟 2004/17/EC 指令第二条（1）第（a）点及 2004/18/EC 指令第一条（9）定义的合同主体，无论合同内容和合同涉及金额。
3. "企业"指政府部门之外的，开展独立经济活动或专业活动的任何组织，即便该活动是由个人举办的。
4. "延迟支付"指未在合同约定或法定的付款期内付款，并满足第三条（1）或第四条（1）规定的条件。
5. "延迟支付利息"指法定的延迟支付利息或企业之间协定的利息，参考第七条。
6. "法定的延迟支付利息"指按照参考利率再加至少 8 个百分点，以简单利率计算的延迟支付利息。
7. "参考利率"指下列任何一种：（a）对采用欧元作为货币的成员国：(i) 欧盟央行最近的主要再融资操作施行的利率；或 (ii) 欧盟央行最近的主要再融资操作中可变利率招标程序产生的边际利率。（b）对通用货币不是欧元的成员国，采用其央行制定的相应利率。
8. "到期应付款项"指应在合同约定或法定的付款期内支付的合同款本金，包括发票或其他类似付款通知包含的相应的税、关税、费或其他相应的与合同款相关的费用。

9. "所有权保留"指约定供货方在采购方付清全款前保留对货物所有权的合同条款。

10. "强制执行条款"指法院或其他有权机构签发的关于付款的任何决定、判决或命令,包括那些具有临时强制性的,无论是针对及时付款还是分期付款,据此允许债权人(供货方)可以通过强制执行程序要求债务人付款。

第三条【企业之间交易】

1. 如满足以下条件,成员国应当确保在企业间的商业交易中,债权人享有延迟支付相关权益,且债权人无须向债务人发出通知。

(a)债权人已经完全履行其合同约定的和法定的义务;

(b)债权人未及时收到到期应付款项,除非延迟付款不是债务人的责任。

2. 成员国应确保适用的参考利率符合以下要求。

(a)当年上半年应采用当年1月1日生效利率;

(b)当年下半年应采用当年7月1日生效利率。

3. 若符合第1款中规定的条件,成员国应确保以下要求:

(a)债权人从合同约定付款期之后的第一日起或付款期末即享有延迟支付相关权益。

(b)若合同未约定付款日期或期限,债权人在以下任何限定日期到期后享有相关权益。

i)债务人收到发票或同等付款请求后的30日;

ii)若收到发票或同等付款请求的日期不确定,则为收到货物或服务后的30日;

iii)当债务人收到发票或同等付款请求的日期早于收到货物或服务的日期,则为收到货物或服务后的30日;

iv)当依据法律规定或合同约定,需要按照一定接受或验收程序确认货物或服务的提供是否与合同约定一致时,且若债务人收到要求付款的发票或同等付款请求的日期早于接受或验收发生日期或与其相同,则为接受或验收日期后的30日。

4.当规定需要按照一定接受或验收程序确认货物或服务的提供是否与合同约定一致时,成员国应确保该程序最长期限不超过收到货物或服务后的30日,除非在合同中对此明确另行约定,并且根据第7条的规定,该约定对债权人不存在显失公平。

5.成员国应确保,合同中约定的付款期最长不得超过60日,除非合同中对此明确另行约定,并且根据第7条的规定,该约定对债权人不存在显失公平。

第四条【企业与政府之间的交易】

1.成员国应确保,在满足以下条件的情况下,当商业交易中的债务人是政府部门时,债权人在根据第3、第4或第6款规定的付款期限到期后对延迟支付享有法定权益,且无须通知债务人。

(a)债权人已经履行其合同约定的和法定义务。

(b)债权人未及时收到到期应付款项,除非延迟付款不是债务人的责任。

2.成员国应确保适用的参考利率符合以下要求。

(a)当年上半年应采用当年1月1日生效利率。

(b)当年下半年应采用当年7月1日生效利率。

3.当在商业交易中,债务人是政府部门时,成员国应确保:

(a)付款期不超过下列任何一个期限。

ⅰ)债务人收到付款发票或同等付款请求后的30日。

ⅱ)若收到付款发票或同等付款请求的日期不确定,则为收到货物或服务后的30日。

ⅲ)当债务人收到付款发票或同等付款请求的日期早于收到货物或服务的日期,则为收到货物或服务后的30日。

ⅳ)当依据法律规定或合同约定需要按照一定接受或验收程序确认货物或服务的提供是否与合同约定一致时,且若债务人收到要求付款的发票或同等付款请求的日期早于接受或验收发生日期或与其相同,则为接受或验收日期后的30日。

(b)收到发票的日期不受债务人和债权人之间合同的限制。

4.对于第3(a)条款的时间限制,在下列情况下,成员国可以最长延长至60日。

（a）任何政府部门通过在市场上提供货物或服务而开展有关行业的或商业性质的经济活动，且作为公共事业，受到欧盟委员会2006年11月16日2006/111/EC指令所规定的透明度要求的约束，该指令针对成员国与公共事业之间以及某些公共事业之间的财务关系透明度做出了规定。

（b）获得认可的提供医疗服务的公共部门。

如果成员国决定根据此款规定延长时间限制，应当在2018年3月16日前向欧盟委员会提交有关延期的报告。

在此基础上，欧盟委员会应当向欧洲议会和理事会提交一份报告，指出哪些成员国根据此款规定延长了时间限制，并将对内部市场运行的影响，特别是对中小企业的影响考虑在内。同时应当提交有关的建议。

5. 成员国应当确保第3（a）条款中iv）所规定的接受或验收程序最长期限不得超过收到货物或服务后的30日，除非合同和投标文件中明确另行约定，且根据第7条的规定，该约定对债权人不存在显失公平的情况。

6. 成员国应当确保合同中约定的付款期最长不得超过第3款规定的时间限制，除非合同中对此明确另行约定，并且就合同的特殊性质或特点来说，客观上是公平的，并且在任何情况下都不得超过60日。

第五条【付款计划】

本指令不得减损交易双方根据可适用的本国法律的有关条款，就分期付款的付款计划达成一致的能力。在这种情况下，如果任何一笔分期付款未按约定的日期支付，本指令规定的利息和赔偿应该仅在未支付的额度内计算。

第六条【追讨成本的赔偿】

1. 成员国应当确保，若根据第3条或第4条规定，商业交易中的延迟付款权益可行，则债权人有权从债务人处获得最低40欧元的固定金额的赔偿。

2. 成员国应当确保第1款规定的固定金额是无须经过通知即可实现的，且是作为对债权人自身追讨成本的赔偿。

3. 除第1款的固定金额赔偿外，债权人有权从债务人处获得超出上述固定金额的，因债务人延迟支付而造成的合理追讨成本的赔偿，应包括发生的费用，特别是律师费或聘用债务代理机构的费用。

第七条【不公平合同条款和行为】

1. 成员国应当规定如果关于支付日期或期限的合同条款或行为对债权人而言显失公平，则延迟支付的利率或追讨成本的赔偿不具有强制执行力或产生赔偿诉求。判断某个合同条款或行为在第 1 款的含义下是否对债权人显失公平，应考虑案件相关的所有情况，包括以下情况。

（a）任何明显背离良好商业实践的行为，与善意原则和公平交易原则相抵触。

（b）货物或服务的性质。

（c）债务人是否有违反延迟支付法定利率，以及第三条第 5 款、第四条第三款第 a 项、第四条第 4 款、第四条第 6 款，或第六条第 1 款规定的固定金额的客观理由。

2. 为第 1 款之目的，未将延迟支付纳入合同条款或实践应当被认为是显失公平的行为。

3. 为第 1 款之目的，未将第六条相关回收成本赔偿纳入合同条款或实践应当被认为是显失公平的行为。

4. 成员国应当确保，为债权人和竞争对手之利益，采取充分且有效的措施以防止继续使用第 1 款含义下显失公平的条款和实践。

5. 第 4 款所指措施应当包括有关组织机构的条款，即官方明确代表企业的组织机构，或代表企业合法利益的组织机构，当存在第 1 款含义下显失公平的合同条款或行为时，该组织机构可根据适用的国内法，在法院或主管机构之前采取措施，从而可通过采取适当且有效的措施阻止不公平条款和行为的继续使用。

第八条【透明度和提高意识】

1. 成员国应当确保，指令中相关的权利义务公开透明，包括公开延迟支付所适用的法定利率。

2. 欧盟委员会应当将所有成员国有关商业拖欠的现行法定利率的详细信息在网上公开。

3. 在适当情况下，成员国应当通过专业出版物、推广活动或其他有效方式提高企业有关延迟支付救济的意识。

4. 成员国可以鼓励建立及时付款代码，该代码明确定义支付时限，以及处理付款纠纷的适当程序，或者其他任何解决延迟支付重要问题的倡议，有助于营造及时支付的良好文化，对指令目标提供支持。

第九条【所有权保留】

1. 成员国适用的国内法条款应与国际私法相一致，即如果买卖双方明确就所有权保留条款在货物交付前达成一致，在全款付清前，卖方保留对货物的所有权。

2. 成员国可以采用或者保留有关债务人已付预付定金的条款。

第十条【无争议理赔的索偿程序】

1. 成员国应当确保制定强制性条款，包括在债务或程序方面不存在争议的情况下，通过简易程序并无论债务金额多寡，通常在债权人向法院或其他授权机构提出申请后的90日内处理。成员国根据其国内法、规章和管理条款履行此项职责。

2. 对欧盟内设立的债权人，国内法、规章和管理条款的适用条件应当相同。

3. 第1款所述期间之计算，不应考虑下列情况。

（a）提供材料的期间。

（b）债权人造成的任何延迟，如申请更改期间。

4. 本条对EC第1896/2006号规章相关条款不产生影响。

第十一条【报告】

在2016年3月16日之前，欧盟委员会应当就该指令的实施，向欧洲议会和欧盟理事会提交一份报告。该报告应当附有适当建议。

第十二条【转化】❶

1. 成员国最迟应于 2013 年 3 月 16 日按照指令第 1 条至第 8 条，以及第 10 条的要求，实施法律、法规和管理规定，并应与欧盟委员会沟通有关规定的文本内容。

成员国制订采取上述措施时，他们必须包括本指令的参考号或在该国官方出版物上出版时附以此参考号，还应当包括一份有关废止指令中涉及的现有法律、规章和管理规定的参考号应适用本指令参考号的声明。标志参考号的方法及声明制订格式由成员国决定。

2. 成员国应当就该指令覆盖领域下其国内法的主要条款文本与欧盟委员会进行沟通。

3. 成员国可保留或采用与本指令相一致且对债权人更有利的条款。

4. 在转化该指令时，成员国应对其是否适用于 2013 年 3 月 16 日前完结的合同做出决定。

第十三条【废止】

第 2000/35/EC 号指令自 2013 年 3 月 16 日起废止，但不影响各成员国在规定期限内将其转换为国内法律的责任及其适用。对在该日期之前完结的合同依然有效。

废止指令的参考号应适用本条款参考号。附件是条款修改对照表。

第十四条【生效】

本指令自其在《欧盟官方公报》上公布之日起第 20 日开始生效。

第十五条【送达】

本指令送达各成员国。

2011 年 2 月 16 日，法国斯特拉斯堡

欧洲议会主席　　欧盟理事会主席

J.Buzek　　Martonyi J.

---

❶ 即欧盟指令转化为各成员国国内法。——译者

欧盟九国法定付款期的规定

（关于欧盟 2011/7/EU 指令在 9 个国家的实施概况）

国家	法定最长付款期
奥地利	不超过 60 日的付款期可认为是基本公平的（并非"不公平"）
比利时	法定付款期限为 30 日。 交易双方可协商其他的付款期限；协商的期限可超过 60 日，但必须确保基本公平；原则上，任何超过法定期限的付款期条款将被质疑为不公平
法国	如果合同未做不同约定，则付款期为交付产品或服务后 30 日内。 如果双方约定付款期，最长付款期为交付产品或服务当月月末之后的 45 日内，或提供发票之日起 60 日内；如果多次交付产品或服务从而多次开具发票，允许的最长期限为开具发票起 45 日内。 对某些特定产品/服务的最长付款期为开具发票后 30 日内：公路货运、车辆出租、运输费用合同和货运代理、船运、空运代理、货运经纪、关税代理。 对某些特定的易变质食品规定了更短的付款期限（交付起 30 日或 20 日内）
意大利	付款期限为 30 日，除非双方在合同中另行约定；双方可以在合同中约定 60 日内付款；如果在合同中清楚明白地表达清楚并且约定对授信方[1]是公平的，则双方可以约定超过 60 日。 在食品和农业领域，对于易变质产品最长付款期为 30 日，对非易变质产品最长付款期为 60 日；付款期限从开具发票日期所在月的最后一日起算；如果无发票，付款期限从交付有关的农业产品和食品之月最后一日起算
波兰	付款期限为收到发票之日或确认收到交付产品或提供服务之日起 60 日内。 在确保对授信方公平前提下，双方可另行约定期限
西班牙	如果双方未在合同中另行约定，最长付款期限为收到产品或提供服务之日起 30 日内（即使开具发票的日期更早）。 双方可约定延长该期限，但任何情况下都不允许超过 60 日
瑞典	除双方另行约定外，最长付款期限为 30 日。 在授信方清楚明白地表达同意，并且双方已在一个既定的付款计划中就分期付款安排达成一致的情况下，双方可约定更长的付款期
荷兰	除非双方清楚地另行约定，并且确保对授信方公平，最长付款期限为 60 日

---

[1] 即赊销方。——译者

续表

国家	法定最长付款期
英国	除合同另行约定外，最长付款期为收到产品或服务后 30 日内。 双方可在合同中约定最长 60 日的付款期，但双方应明确表示同意且该约定对授信方是公平的。 双方可在合同中约定相关条款包括延期付款利率，只要它对延期付款做出了合理的补偿；如果按法定利率(8%)约定延期罚息，则可约定 60 日付款期并且符合公平性要求；因此，如果双方约定了延期付款利息，能为防止延期付款提供合理的补偿，则任何付款期限都可约定；如果合同未约定延期付款利率，则应当遵守 60 日最长付款期

资料来源：Law on Combating Late Payment in Commercial Transactions-Interference with the Freedom of Contract.

德国加速到期支付法

2000 年 3 月 30 日

德国联邦议院通过下述法律。

第一条【德国民法典修正案】

《联邦法律公报》第三部分分类编号 400-2 中公布了德国《民法典》修正案,最近一次于 1999 年 7 月 21 日对本法第 1 条进行修订(《联邦法律公报》I 第 1642 页),修订内容如下。

1. 第 284 条新增下述第 3 款。

(3)与第 1、2 款相反,货币债务的债务人在账单或等值的支付请求书到期并到达 30 日后才陷入迟延,对于以经常性货币给付为内容的债务关系,则第 2 款不受影响。

2. 第 288 条第 1 节第 1 款第 1 句改为:

在迟延期间,对资金债务应支付的年迟延利息率比 1998 年 6 月 9 日通过的《贴现转移法》第 1 款(《德国法律公报》I,第 1242 页)规定的基准利率上浮 5%。

3. 在 632 条之后新增第 632a 条。

就工作的独立部分,承揽人可请求定作人为已提供的、符合合同要求的服务支付部分款项。该规定也适用于专门制作或交付的必要材料或者建筑构件。仅在部分工作、材料或者建筑构件的所有权转让给定作人,或已为之提供担保时,该项请求权才存在。

4. 第 640 条修订内容如下。

a）第 1 款新增下述内容。

"定作人不得因不重要的瑕疵而拒绝验收。如果定作人有义务在承揽人对其确定的适当期限内进行验收，而未在该期限内进行验收，则视同已验收。"

b）第 2 款中在"工作"一词后面新增"第 1 款第 1 项下"。

5. 第 641 条修订内容如下。

a）根据第 1 款新增下述内容。

（2）如果定作人向第三人约定工作的完成，至迟在定作人因工作的完成而从该第三人处，就所约定的工作获得其报酬，或者其部分报酬时，并以此为限，承揽人对该工作的报酬支付期限到期。定作人因可能的工作瑕疵而向该第三人提供担保的，仅在承揽人以相应的金额向定作人提供担保时，才适用前句的规定。

（3）定作人可以要求除去瑕疵，可以在验收之后拒绝支付适当一部分的报酬，最低金额为除去瑕疵必要费用的三倍。

b）原第 2 款变为第 4 款。

6. 在第 641 条之后新增第 641a 条。

（1）如果鉴定人向承揽人发给关于下列内容的证明，视同已验收。

1. 约定的工作已完成，在第 641 条第 1 款第 2 句的情况下，部分约定工作也已完成。

2. 工作不具有定作人向鉴定人声言的瑕疵，亦不具有在检查时（完工证明）对于鉴定人为可确认的瑕疵。

如果未遵循第 2 款至第 4 款所规定的程序，或者未满足第 640 条第 1 款第 1 句和第 2 句的前提条件，则前句规定不适用；如有争议，应向定作人提供证明。如果不使用第 640 条第 2 款推定测量和作为承揽人的计算基础，即使工资的结账正确，但仍需鉴定人在完工证明中进行认可。

（2）鉴定人可为以下人选。

1. 承揽人或定作人一致同意的专家。

2. 工商业联合会、手工业公会、建筑师公会，或者工程师公会根据承揽人的申请确定的、经公开选任或宣誓过的专家。

鉴定人受承揽人的委托。鉴定人有义务不偏不倚地据其所知和所信向承揽人和待鉴定的工作的定作人提供证明。

（3）鉴定人必须至少进行一次检查；为此而发出的邀请应说明理由，并至少提前两周送达定作人。鉴定人根据须由承揽人向其提交的书面合同，判断工作是否无瑕疵。于此情形下，只有在达成书面协议，或者由合同双方同时提交给鉴定人时，才考虑合同变更。如果合同不包含相应的说明，必须以公认的技术规则为基础。对于定作人在检查完毕后提出新的瑕疵，在提供证明时不予以考虑。

（4）定作人有义务同意鉴定人检验工作，或者部分检验工作。定作人拒绝检验的，推定已以符合合同的形式完成待检验工作；必须提供第1款中所规定的证明。

（5）鉴定人必须向定作人提供证明副本。就期间利息以及风险转移方面，证明仅在送达定作人时才开始生效。"

7. 第648a条修订内容如下。

a）第1款修订内容如下。

aa）在第一句中，在"先期给付"一词之后新增"包括属于先期给付的从属债权"。

bb）第2句改为如下。

可以请求最高担保金额为预计合同可获得金额，或事后附加委托的报酬请求权金额，以及基于从属债权请求是金额担保；从属债权必须看作待担保报酬请求权的10%。

b）第5款新增下述内容。

如果与第1款所规定的担保请求存在时间关联性，定作人通知终止合同，亦同，但为避免提出担保而不通知终止合同的情况除外。推定损害金额为报酬金额的5%。"

第二条【其他规定修正】

（1）在1994年9月21日发布的德国《民法典实施法》第五部分中（《联邦法律公报》I，第2494页；1997 I 1061），最近一次于1999年12月20日对本法第 1 条第 1 款（《联邦法律公报》I，第 2493 页）进行修订，在第 228 条之后新增第 229 条：

第 229 条其他过渡规定

（1）在自 2000 年 5 月 1 日起生效的德国《民法典》中，第 284 条第 3 款也适用于在该时间点之前产生的货币债权。在该时间点之前收到的发票不触发第 284 条第 3 款的效应。在各自于 2000 年 5 月 1 日起生效的版本中，德国《民法典》第 288 条，以及《商法典》第 352 条适用于所有在该时间点到期的债权。

（2）如未另行规定，则在自 2000 年 5 月 1 日起生效的版本中，第 632a、第 640、第 641、第 641a 和第 648a 条适用于在该时间点之前签订的合同。在自 2000 年 5 月 1 日起生效的版本中，第 641 条第 3 款，以及第 648a 条第 5 款第 3 句也适用于之前所签订的合同。第 640 条适用于附加条件规定其确定期限自 2000 年 5 月 1 日才开始的合同。

（2）根据 1976 年 12 月 9 日的《一般交易条款》第 27 条（《联邦法律公报》I，第 3317 页），最近一次于 1999 年 7 月 21 日对本法第 2 条第 2 款（《联邦法律公报》I，第 1642 页）进行修订，新增下述第 27a 条。

第 27a 条房屋建筑施工预付款

授权联邦司法部通过无须联邦参议院同意的法律条例与联邦经济和技术部达成一致，包括在不同于德国《民法典》第 632a 条的情况下，规定针对以建造房屋，或者类似建筑物为标的物的承揽合同可以要求支付哪些预付款，特别是可以约定多少折扣，提供的建筑服务占建筑重量的百分比，合同中为获得所有权所包含的应付款折扣，以及要为定作人提供什么担保。

（3）在《商法典》第 352 条第 1 款第 1 句中，在《联邦法律公报》第三部分，分类编号 4100-1 中公布了修订版本，最近一次于 2000 年 2 月 24 日进行修订（《联邦法律公报》I，第 154 页），用"逾期付款利息除外"替代"包括逾期付款利息"。

（4）在《联邦法律公报》第三部分分类编号310-4中公布了《民事诉讼法》修正案，最近一次于1999年12月17日对本法第1条编号1进行了修订（《联邦法律公报》I，第2448页），修订内容如下。

1. 第301条第1款新增下述内容。

如果对一项统一权利要求的一部分中的原因以及金额存在争议，只有在同时对该权利要求的剩余部分做出基本判决时，才能够通过部分判决对争议问题进行裁决。

2. 在第302条第1款中删除半句，"诉讼中的债权不存在法律相关性"。

第三条【生效】

第2条第2款自公布之日起生效。此外，本法自2000年5月1日起生效。

保障联邦参议院的宪法权利。

本法特此签发，并在《联邦法律公报》上公布。

柏林，2000年3月30日

德国联邦总统

Johannes Rau

德国联邦总理

Gerhard Schröder

联邦司法部部长

Däubler-Gmelin

联邦经济和技术部部长

Müller

英国1998年延迟支付商业债务（利息）法案

本法案适用于供应货物或提供服务以及为达到相关目的的商业合同中买方延迟偿还债务时供应方应获得的利息。

【1998年6月11日】

在征得灵职与俗职议员以及下议院的同意之后，本法案由女王陛下在国会正式颁布实施，内容如下。

第一部分　合格债务的法定利息

1.【法定利息】

（1）根据本部分之规定，合同项下的任何合格债务均应按单利利息，这是所有商业合同中的一项默示条款。

（2）为实现涉及债务利息的法律规则或者法律制定（非本法案）的目的，合同默示条款所述利息应与明示合同条款所述利息同等对待。

（3）本部分与第二部分同时生效（在某些情况下，第二部分允许合同条款免除或修改第（1）段默示条款授予之法定利息权）。

2.【法案适用的合同】

（1）本法案适用于采购方与供应方之间供应货物或提供服务的合同，不适用于例外合同。

（2）在本法案中，"供应货物或服务合同"是指(a)货物销售合同；或者(b)一方为获得（或包含）货币对价而从事第（3）段中所列的一件或多件事项的合同（非货物销售合同）。

（3）上述事情是指：

（a）把货物所有权转让或同意转让给另一方。

（b）通过出租或租用（苏格兰）或同意出租的方式把货物托付或同意托

付给另一方；以及：

（c）同意实施服务。

（4）为避免疑义，劳务合同或学徒合同不是供应货物或服务合同。

（5）以下是例外合同。

（a）消费者信贷协议。

（b）以按揭、抵押、质押或担保方式执行的合同。

（c）按照国务大臣指令执行的合同。

（6）第（5）（c）段所述法令可以通过合同特征（包括合同双方）说明合同内容。

（7）在本节中：

"商业"包括一种职业以及政府部门或地方或公共主管当局开展的各项活动；"消费者信贷协议"具有《1974年消费者信用法》中相同的含义；"货物所有权"是指货物的一般财产权，而不是特殊财产权。

3.【合格债务】

（1）因合同义务要求全部或部分合同价款而形成的债务是"合格债务"，适用于本法案，除非本节规定全部债务（在形成时）不计入法定利息。

（2）依据任何法令（除本法案第一节外），如果债务额达到付息或计息额度，则该债务不计法定利息。

由于除本法案外，法院、仲裁员可能会判定某债务额应收取法定利息，因此本阶段不规定产生法定利息的债务额度。

（3）如果主张利息的权利基于法律规定的债务，则该债务不计法定利息（并且，该债务被视为自始无法定利息）。

（4）如果按照国务大臣法令中所述不计算法定利息的，则该债务不计法定利息。

（5）国务大臣的法令可以依据该债务特征对债务进行详细说明（包括引起该债务的合同双方或任何其他特征）。

4. 【法定利息的期限】

（1）根据本节规定，法定利息因合格债务而产生（除非第5节适用）。

（2）法定利息自债务形成第二天起产生，并依据第6节规定，按债务形成当日的利率计息。

（3）如果供应方和采购方协商了偿还债务日期（即按合同规定债务形成之日），则支付日期为债务相关日，除非该债务与预付款义务相关。

双方协商达成的偿还债务日期可以是固定日期，也可以按事件发生时或未发生时的日期确定。

（4）如果债务与预付款义务相关，则相关日就是第11节所规定的债务形成之日。

（5）在其他情况下，相关日就是30日期限的最后一天，该期限始于以下两日较晚的一天。

（a）债务相关的供应方履行义务之日。

（b）采购方知悉债务额或者（债务额尚未确定时）认识到供应方主张的数额就是债务额之日。

（6）如果债务是因货物租期最后一天到期的支付义务形成的，则第（5）（a）段开始生效。

（7）如果根据明示合同条款的规定法定利息会停止，则该法定利息即可停止。

（8）在本节中，"预付款"具有第11节相同的含义。

5. 【法定利息的豁免】

（1）如果因供应方原因使得出于正义的考虑要求全部或部分免除一定期限的合格债务法定利息，则以本节规定为准。

（2）如果正义的原则要求供应方在一定期限内不得享有法定利息权，则在该期限内不产生法定利息。

（3）如果正义的原则要求供应方在一定期限内按一定折扣率收取法定利息，则按该利率计算法定利息，以符合在此期间的案件公正的要求。

（4）在以下条件下，可以要求免除本节规定的法定利息。

（a）任何时间发生债务行为（无论在债务形成之前或之后）；

（b）法定利息存在的整个期限，或者该期限的一部分或更多部分。

（5）在本节中，"行为"包括作为和不作为。

6.【法定利息的利率】

（1）国务大臣应依据财政部认可的指令确定法定利息的利率，通过以下方式规定。

（a）计算法定利息利率的公式。

（b）法定利息的利率。

（2）国务大臣发布指令之前，应考虑法令确定利率的满意程度，以便（a）在延迟支付供应方合格债务会使其财务状况变得特别糟糕的情况下，对供应方提供保护；以及（b）防止延迟支付合格债务。

第二部分　延迟支付合格债务相关的合同条款

7.【第二部分的目的】

（1）该部分旨在说明在未能支付合同规定的合格债务（在该部分中简称为"债务"）时供应方可收取法定利息，以及合同双方按照合同条款免除或修改收取法定利息权利的范围。

（2）该部分适用于债务形成前达成的合同条款；此后，合同双方可就处理债务问题自由协商相关条款。

（3）该部分生效时不影响合同条款的有效性。

8.【可以免除或修改法定利息的几种情况】

（1）任何拒绝承认债务法定利息权利的合同条款都是无效的，除非制订了延迟偿还债务的实质性救济措施。

（2）如果合同双方经协商制订了延迟偿还债务的实质性救济措施，那么，该债务不产生法定利息（除非另有约定）。

（3）合同双方可以不同意修改债务法定利息，除非已修改的法定利息权利或者延迟偿还债务的总体救济措施是实质性的。

（4）具有以下目的的合同条款都是无效的。

（a）为非实质性的延迟偿还债务救济措施准予收取法定利息的合同权利；

（b）修改法定利息权的目的是为非实质性的延迟偿还债务救济措施提供法定利息的合同权利，除非延迟偿还债救济措施是实质性的。

（5）根据本节规定，合同双方可以就延迟偿还债务问题自由协商相关合同条款。

9. 【"实质性救济措施"的含义】

（1）延迟偿还债务的救济措施应被视为实质性的救济措施，除非：

（a）该救济措施不足以实现补偿供应方延迟偿还债务的目的，或者不足以阻止延迟偿还债务。

（b）依靠该补救措施免除（视具体情况而定）或修改债务法定利息权利是不公平或者不合理的。

（2）在判断救济措施是否是实质性措施时，应充分考虑达成合同条款时的各种相关情况。

（3）在判断第（1）（b）段规定是否适用时，应充分考虑以下事项（同时不得影响第（2）段的普遍性）。

（a）商业确定性的收益。

（b）合同一方相应于另一方的讨价还价优势。

（c）该条款是否是一方强加于另一方的（无论是否利用标准条款或其他条款）。

（d）供应方是否因接受诱惑才同意该条款的。

10. 【第二部分的解释】

（1）在该部分中：

"合同条款"是指构成债务的条款或对合同双方均有约束力的其他合同条款（或两者之一）；"合约性救济措施"是指利息合同权利或者与利息无关的任何合约性救济措施；"利息合同权利"包括收取利息的合同权利；"总

体救济措施",如果是指延迟偿还债务的补救措施,其含义是利息合同权利、经过修改的法定利息权利或与利息无关的合约性救济措施等全部救济措施;"实质性救济措施"依据第9节解释。

(2)在本部分中,引用(无论如何用词)修改法定利息权的合同条款就是引用修改第一部分债务生效方式的合同条款(比如:推迟计息时间或给利息权强加一些条件等)。

(3)在本部分中,引用延迟偿还债务就是引用债务形成时到期的延迟支付金额(不包括依据第3节规定产生法定利息的那部分金额)。

第三部分　通用条款与补充条款

11.【合同预付款的处理】

(1)对于因履行预付款义务而形成的合格债务,如果是在第(3)(4)段或第(5)段提到的"之日"(视具体情况而定)形成的,则该债务被视为本法案之目的。

(2)在本节中,"预付款"是指在供应方履行合同价款支付义务("供应方义务")之前到期的应付款,而不是部分履行支付义务后到期的合同价款,也不是在部分履行义务完成之日或之后到期的应付款。

(3)如果预付款是全部合同价款,那么,该债务是在供应方履行支付义务之日就形成了。

(4)如果支付款是部分合同价款而且在供应方履行部分义务时尚未到期,那么,该债务是在供应方履行支付义务之日就形成了。

(5)如果预付款是部分合同价款而且在供应方履行部分支付义务时到期,但是在部分履行支付义务前属于应付款,那么,该债务是在完成部分支付义务之日就形成了。

(6)如果债务是因货物租期内的支付义务形成的,那么在以下情况下,本节规定生效。

(a)供应方履行支付义务之日是上述租期的最后一天。

(b)供应方部分履行支付义务的时间在上述租期内。

（7）为了本节之目的，支付合同价款全部余款的义务应被视为支付全部合同价款的义务，而不是支付部分合同价款的义务。

12. 【法律冲突】

（1）如果合同双方选择依据英国部分法律履行合同，那么，在以下情况下本法案无效。

（a）该合同与英国部分法律之间没有明显的关联性。

（b）如果双方没有做出这样的选择，则外国法律就成为双方履行合同所适用的法律。

（2）如果合同双方依据外国法律履行该合同，那么在以下情况下，本法案有效。

（a）如果双方没有做出这样的选择，则英国部分法律就成为双方履行合同所适用的法律。

（b）该合同与除英国之外的任何国家的法律没有明显的关联性。

（3）在本节中：

"合同"是指在第2（1）段规定范围之内的合同；"外国法律"指除英国之外的国家的法律。

13. 【转让等】

（1）本方案对于合格债务的效力不受以下情况的影响。

（a）形成债务的合同双方的身份变化。

（b）偿还债务权利的转让，或者当债务形成时向原始债权人或原始债务人支付（全部或部分）债务的职责的转让。

（2）本法案中的供应方或采购方是指目前的供应方或采购方或者债务形成时的供应方或采购方，视具体情况而定。

（3）如果偿还债务的权利转让给债务形成时的原始债权人之外的其他人，那么，本法案中的债务应被视为（或者按上下文要求的）部分债务。

（4）本节中所述合同变更双方的身份或者转移权利或职责是指根据法律规定按委托或分配方式发生的合同变更或转移。

14.【合同价格支付日期相关的合同条款】

（1）对于按本法案适用的合同推迟合格债务形成时间的任何合同条款，以本节规定为准。

（2）如果采购方书面标准条款中包含合同条款，如果该条款包含在标准条款中，那么以《1997年不公平合同条款法》中第3（2）（b）段和第17（1）（b）段的规定为准（某些合同条款不可信）。

（3）在本节中，"合同条款"具有第10（1）段中相同的含义。

15.【指令与条例】

（1）依据本法案颁布的法令或条例按相关法律文件执行。

（2）含有依据本法案颁布的法令或条例的任何法律文件，除依据第17（2）颁布的法令外，均应按照议会两院的决议作废。

16.【解释】

（1）在本法案中：

"供应货物或服务合同"具有第2（2）段中相同的含义；"合同价款"是指供货合同中的价格或者第2（2）（b）段中所列其他供应货物或提供服务的合同中的对价；"采购方"（按第13（2）段中的规定）是指销售合同中的买方或者其他合同中与供应方签订供货合同或提供服务合同的一方；"合格债务"是指第3（1）段中所述的债务；"法定利息"是指依据第1（1）段中默示条款产生的利息；"供应方"（依据第13（2）段的规定）是指货物销售合同中的卖方或者其他供货合同或服务合同中从事第2（3）段所述一件或多件事情的一方。

（2）在本法案中提及的协议或合同条款（无论如何用词）是指明示和默示条款（包括交易过程中达成的条款或对合同双方具有约束力的条款）。

17.【法案简称、生效日期和适用范围】

（1）本法案可被称为《1998年延迟支付商业债务（利息）法案》。

（2）本法案（本节除外）在国务大臣以指令形式指定的日期生效；为不

同的合同内容或为了不同的目的，可以指定不同的生效日。

本节中所述的指令可以通过描述合同特征（包括合同双方）详述说明合同内容。

（3）国务大臣在其认为必要时，或者在本法案未完全生效时，作为权宜之计通过颁布条例的方式对本法案指定过渡条款、补充条款或附带条款（包括对本法案条款制定的修订条款）。

（4）本法案对其生效前签订的合同内容没有影响。

（5）本法案适用范围延伸至北爱尔兰。

英国商业债务延迟支付条例

2013 年第 395 号条例

适用英格兰和威尔士签订的所有合同

适用北爱尔兰签订的所有合同

《2013 年商业债务延迟支付条例》

制定日期：2013 年 2 月 21 日

提交议会日期：2013 年 2 月 22 日

生效日期：2013 年 3 月 16 日

国务大臣，作为指定负责《1972 年欧洲共同体法》第 2（2）条❶有关打击商业交易延迟支付事宜的部长❷，行使该法第 2（2）条赋予的权力，做出如下规定。

引用、生效、范围及适用性

（1）本条例称为《2013 年商业债务延迟支付条例》，应于 2013 年 3 月 16 日生效。

（2）本条例适用范围延伸至英格兰、威尔士和北爱尔兰地区❸。

（3）本条例不影响 2013 年 3 月 16 日之前签订的合同。

《1998 年商业债务延迟支付（利息）法》的修订

（1）《1998 年商业债务延迟支付（利息）法》（d）第 4 条（法定利息

---

❶《2002 年欧洲共同体（指定）法令》（S.I. 2002/248）第 2 条和附件。

❷ 1972 c. 68. 第 2（2）条经《2006 年法律法规改革法》（c. 51）第 27（1）（a）条和《2008 年欧盟（修正案）法》（c.7）附件 1 第 1 部分修订。

❸《1998 年商业债务逾期支付（利息）法》项下的国务大臣职能（只要可行使或只要涉及苏格兰地区）根据《1998 年苏格兰法》（c. 46）第 53 条规定移交给苏格兰大臣。

计算期间）应修订如下。❶

（2）在第（3）款后插入以下内容。

（3A）如果在采购方为公共机关，第（3）款项下的相关日期将（若没有本款规定）晚于第（5）款适用情况下的相关日期，则就第（3）款而言，该日期将被视为第（5）款适用情况下的相关日期。

（3B）如果采购方不是公共机关，第（3）款项下的相关日期将（若没有本款规定）超出第（5）款适用情况下的相关日期30日，则就第（3）款而言，该日期将被视为第（5）款适用情况下的相关日期后30日之日。

（3C）若发生以下情形，第（3B）款不适用。

（a）供应方和采购方在合同中明确约定一个债务偿还日期，该日期晚于依据该款规定而另外成为相关日期之日。

（b）该较晚日期对供应方并非显失公平（参见第（7A）款）。"

（3）在第（5）款中：

（a）删除第（a）项后的"或"。

（b）在第（b）项末尾插入双引号和分号。

（c）若第（5A）款适用，则为根据第（5B）款确定的日期。

（4）在第（5）款后插入以下内容。

（5A）若存在以下情形，本款规定适用。

（a）存在验收或检验程序（无论是通过法令还是合同予以规定），根据该程序，将确定商品或服务是否符合合同规定。

（b）采购方已于完成程序之日当日或之前告知债务金额。

（5B）就第（5）（c）款而言，讨论中的日期为完成程序之日后30日。

（5C）如果在第（5A）款适用的情况下，上述程序将在30日期限结束时完成，从供应商履行债务相关义务当日开始计算，对于第（5B）节，该程序应视为在上述期限结束时立即完成，则就（5B）款而言，该程序将被视为在上述期限结束之后即刻完成。

（5D）若存在以下情形，第（5C）款不适用。

（a）供应方与采购方在合同中明确约定了一个完成上述程序的期限，该

---

❶ 1998 c. 20。

期限长于该款规定中提到的期限,以及:

(b)该更长期限对供应方并非十分不公平显失公平(参见第(7A)款)。

(5)在第(7)款后插入以下内容。

(7A)就第(3C)款或第(5D)款而言,在确定某事是否显失公平时,应考虑所有相关情况;且就此而言,相关情况具体而言包括:

(a)严重背离良好商业惯例和有悖于诚信、公平交易原则的事。

(b)所涉及商品或服务的性质。

(c)采购方是否有任何客观理由背离第(3B)款或第(5C)款规定的结果。

(6)第(8)款替换为:(8)在本条中:"预付款"具有第11条中规定的含义;"法令"包括附属立法(具有《1978年解释法》❶规定的含义)中包含的法令;"公共机关"是指缔约机关(具有《2006年公共合同条例》❷第3条规定的含义)。

(7)第5A条(因延迟付款产生的赔偿)应修订如下。

(a)在第(2)款后插入:(2A)如果固定金额不足以支付供应方在追偿债务过程中发生的合理费用,供应方还应有权获得固定金额与合理费用之间的差额款。

(b)在第(3)款中,将"额外固定金额"替换为"金额"。

(c)在第(3)款后插入:(4)如果采购方的书面标准条款中没有包含某一合同条款,以及如果该等标准条款中包含该条款,则《1977年不公平合同条款法》❸(不依赖于特定合同条款)第3(2)(b)条应适用。

(d)在本条中,"合同条款"是指根据本条规定应付给承包商的款项相关合同条款。

Vince Cable

商业、创新和技能国务大臣

2013年2月21日

---

❶ 1978 c. 30。

❷ S.I. 2006/5,经 S.I. 2011/3058 修订;存在其他修订文件,但均与此无关。

❸ 1977 c. 50。

附注

（本附注不构成条例内容）

本条例执行欧洲议会和欧洲理事会2011年2月16日就反对商业交易中的延迟付款下达的指令2011/7/EU。

本条例通过以下内容修订《1998年延迟支付商业债务（利息）法》（c.20）。

1）在第4（3A）条到第4（3C）条中插入长达30日的最大付款期限（采购方为公共机关的情况）或相当于60日或另行约定更长日数的付款期限（在其他情况下）。如果付款期限长于60日，该期限不得对供应方显失公平（第2条）；

2）在第4（5A）条到第4（5D）条中插入相当于30日或另行约定更长天数的期限（但不得对供应方显失公平），以便采购方在付款期限开始之前确认其从供应方收到的商品或服务符合合同规定（第2条）；

3）在第5A（2A）条中插入供应方追偿债务过程中发生的合理费用金额超出第5A（2）条规定的固定金额情况下，补偿供应方合理费用的权利（第3条）。

本条例第2条和第3条中的《1977年不公平合同条款》第3（2）（b）条中提到的显失公平须考虑所有相关具体情况。

本条例（根据第1条）不适用于2013年3月16日之前签订的合同。

关于本文件对营业费用的影响的法规影响评估，可从商业、创新和技能部企业理事会处获取。

美国及时支付法

1982 年 5 月 21 日

[S, 1131]

《美国法令全书》第 96-85 号

第 97-177 号公共法

第 97 届国会

法案

针对要求联邦政府支付逾期付款利息以及用于其他用途。

由美利坚合众国众议院和参议院组成的国会制定颁布了如下法案。

简明标题

第 1 条：本法可称为《及时支付法》。

逾期付款罚息

第 2.（a）（1）条：根据行政管理和预算局局长制定的条例，从企业获得财产或服务截至规定的付款日期尚未就任何该完成交付的财产或服务项目付款的各联邦机构，应根据本条的规定，就到期应付的金额，向该企业支付罚息。

（2）该项规定如下。

（A）应阐明：规定的付款日期如下。

（A）（i）依照提供此类财产或服务的合同条款规定到期应付款之日。

（A）（ii）如果合同未规定应支付该款项的具体日期，则为收到应付款项金额发票后的 30 日。

（B）（i）在任何收购《1921 年家畜经销商和家畜围栏法》（《美国法典》第 7 卷第 182（3）条）第 2（a）（3）中规定的肉类或肉类食品产品情况下，应阐明：规定的付款日期应不得迟于交付该肉类或肉类食品产品后的 7 日；

（B）（ii）在任何收购《1930年易腐农产品法》（《美国法典》第7卷第499a（4）条）第1（4）条中定义的易腐农产品情况下，应阐明：规定的付款日期应与本法提出的要求相一致。

（C）对于允许分批执行或交付财产或服务的合同而言，只要这一合同规定了此类分批执行或交付的单独付款，应阐明规定的各个单独付款日期。

（D）应要求这一付款日期在收到任何发票之日起15日内。联邦机构应通知企业在此类发票中存在的将妨碍第（A）（ii）条中指定时间期限的任何缺陷或不当之处。

第2.（b）（1）条：应在规定付款日期之后起直至完成应付款金额的支付事宜为止的这一段期限内，向企业支付关于依据本法应付给企业的所有款项的罚息，但是如果（A）在规定付款日期之后的第3日当日或之前（针对第（a）（2）（B）（i）条中所述的肉类食品产品的情况下），（B）在规定付款日期之后的第5日当日或之前（针对第（a）（2）（B）（ii）条中所述的农业商品的情况下），或（C）在规定付款日期之后的第15日当日或之前（针对任何其他项目的情况下），对完成交付财产或服务项目进行了款项支付，则不应再支付任何罚息。

应按照《1978年合同纠纷法》第12条（《美国法典》第41卷第611条）的规定确定利率，计算应支付的利息。财政部部长应在联邦公报中公布这一利率。

（2）在任何30日期限结束时仍未支付的款项的罚息应计入债务的本金金额，并且应对此等增加金额计算罚息。

（c）本条未授权将划拨的其他资金用于支付本条中所规定的罚息。联邦机构应使用导致产生罚息业务的管理或运作资金缴纳本条中所规定的任何罚息。

（d）（1）可在从企业获得财产或服务的合同中规定，从联邦机构获得资助的任何接受人支付该合同项下逾期款项的罚息，但是：

（A）在任何情况下，支付该罚息的义务不得被解释为美国国家级别的义务；

（B）不得利用联邦机构提供给资助接受人的资金来支付任何该罚息，亦不得为了满足适用于该资助的任何要求，计入将用于支付该罚息的任何非联邦资金。

（2）应根据资助接受人和企业一致同意的这些条款和条件，依据资助接受人通常的商业做法和适用的州立和地方法律，支付该罚息。

付款折扣限制

第3.(a)条：如果一个企业向一个联邦机构提供了关于合同项下财产或服务其他应付款项的折扣，以换取在规定期限内完成款项支付，则联邦机构只有在该指定的时间期限内完成款项支付，方可以折扣价格进行支付。

（b）违反第（a）款规定的各个机构应就违反该款规定对尚未支付的任何金额支付罚息。应按照第2条的规定，对此类未付金额计算此等罚息，除非关于此等罚息的规定支付日期为第（a）款中所述的指定时间期限的最后一日。

索赔；与其他法律的关系

第4.(a)(1)条：应依据《1978年合同纠纷法》（《美国法典》第41卷第605条）第6条的规定，就联邦机构未能按照本法第2条或第3条的规定支付罚息提出索赔。

第4.(a)(2)条：(A)在依据《1978年合同纠纷法》就该罚息提出索赔申请后；或(B)超出一年时间，不得再继续计算本法项下的罚息。

第4.(a)(3)条：第（2）款不得被解释为在停止计算本法项下罚息后，妨碍计算根据《1978年合同纠纷法》第12条（《美国法典》第41卷第611条）规定应计的利息，以及根据本条规定可对未支付合同款项和根据本法要求对未付罚息应计的利息。

第4.(b)条：除第3条中规定的与折扣有关的争议以外，本法不应被解释为对因联邦机构和企业之间关于付款金额的纠纷或关于遵守合同的纠纷而未在规定支付日期支付的款项索要罚息。关于任何此类争议的索赔以及在解决争议时这一期间可支付的任何利息，应遵守《1978年合同纠纷法》的规定。

议会监督

第5.(a)条：每个联邦机构应向行政管理和预算局局长提交一份详细报告，阐明根据本法的规定，在前一财政年度内应支付的任何罚息。

第5.(b)条：该报告应包括支付罚息的数量、金额和频率，以及未能及时支付款项以避免此类罚息的原因，这一报告应当在每个财政年度结束后的60日内提交给局长。

第5.(c)条：局长应在每个财政年度结束后的120日内，向参议院的政府事务委员会、拨款委员会、小企业委员会及众议院的政府工作委员会、拨款委员会和小企业委员会提交联邦机构是否遵守本法要求的报告。此类报告应包括各联邦机构依据第(b)款所提交报告的摘要，以及关于该机构在过去几年在降低罚息支付方面所取得进展的分析。

术语定义

第6条：在本法中：

（1）术语"联邦机构"应具有与《美国法典》第5章第551（1）条中所规定术语"机构"相同的含义，但亦包括（A）为了管理该机构的一个或更多项目而作为该机构的一个部门而进行专门运作的任何实体；以及（B）为该机构负责人所确定的实体。

（2）术语"企业"是指从事贸易或业务的任何人及作为承包商的非营利性经营机构。

（3）当发票包含或随附（A）行政管理和预算局局长依据规定可能要求的此种证明文件；和（B）相关联邦机构根据法规或合同可能要求的此种证明文件时，此发票应被视为"正式发票"。

（4）在下列日期（取较晚日期），应视为机构已收到了发票。

（A）机构的指定支付办公室或财务中心实际收到正式发票的日期。

（B）该机构接受所涉及财产或服务的日期。

（5）应视为在款项支付支票上注明的日期进行支付。

（6）租赁不动产或动产的合同视为收购该财产的合同。

生效日期

第7.(a)条：本法适用于在本法颁布之日后超过90日的第一个日历季度开始当日或之后获得财产或服务。

第7.(b)条：要求出台规定的本法条款应自指定之日起生效，并且此等规定应在不迟于本法颁布之日起后的90日内公布。

第7.(c)条：本法的规定应适用于田纳西流域管理局，但在这一法案授权下颁布的任何法规不应适用于田纳西流域管理局，田纳西流域管理局应全权负责执行本法案有关其合同方面的规定。

于1982年5月21日批准。

立法史——S.1131（H.R.4709）：

白宫报告：第97-461号随附第4709号白宫报告（政府运作意见）。

参议院报告：第97-302号（政府事务意见）。

国会记录。

第127卷（1981）：参议院于12月15日审议并通过。

第128卷（1982）：白宫于3月23日审议并通过了第4709号白宫报告；程序无效，修订并替代通过S.1131。5月11日，参议院赞成白宫修正案。

日本防止拖延支付转包费法

（1956年6月1日法律第120号）
最终修改：2009年6月10日法律第51号

第一条【目的】

通过防止拖延支付转包费，确保发包商与转包商之间的公平交易和保护转包商的利益，以实现国民经济的健康发展，特制定本法律。

第二条【定义】

1. 本法规定的"委托制造"是指将经营者从事销售或所承接制造（包括加工，下同。）的标的物品或其半成品、零部件、附属品或原材料或用于上述制造的模具或从事物品修理时所需的零部件或原材料委托制造给其他经营者，以及经营者从事所使用或消费物品的制造时，将物品或其半成品、零部件、附属品或原材料或用于上述制造的模具委托制造给其他经营者的行为。

2. 本法规定的"委托修理"是指将经营者将承接的物品修理行为的全部或部分委托给其他经营者，以及经营者从事所使用物品的修理时，将其修理行为的部分委托给其他经营者的行为。

3. 本法规定的"委托制作信息产品"是指将经营者提供或承接制作的标的信息产品的制作行为的全部或部分委托给其他经营者，以及经营者从事所使用信息产品的制作时，将其信息产品制作行为的全部或部分委托给其他经营者的行为。

4. 本法规定的"委托提供劳务"是指经营者将从事的劳务提供行为的全部或部分委托给经营建筑业（指《建筑业法》（一九四七年法律第一〇〇号）第二条第二项规定的建筑业，下同）的经营者，将承接的建筑工程（指同条第一项规定的建筑工程）的全部或部分转包给其他经营建筑业的经营者的情况除外。

5. 本法规定的"委托制造等"是指委托制造、委托修理、委托制作信息产品以及委托提供劳务。

6. 本法规定的"信息产品"指以下各项所述的内容。

（1）程序（指示电子计算机动作的指令，为得到一个结果编制而成的指令集）。

（2）由电影、电视节目等影像或声音等音像构成的内容。

（3）由文字、图形、记号，或由这些的集合体，或由这些与色彩的集合体构成的内容。

（4）除以上第（1）（2）（3）项内容以外，与以上第（1）（2）（3）项内容类似，且政令规定为信息成果的内容。

7. 本法规定的"发包商"是指以下各项经营者。

（1）注册资金（出资）总额超过3亿日元的法人经营者（《防止拖延支付政府合同费法》（一九四九年二五六号）第十四条中规定的经营者除外），对个人或者注册资金（出资）总额3亿日元以下的法人经营者，进行委托制造等（为委托制作信息产品以及委托提供劳务时，仅限各项政令规定的信息成果以及劳务，本款第（2）项及第8款第（1）（2）项相同）。

（2）注册资金（出资）总额1000万日元以上，3亿日元以下的法人经营者（《防止拖延支付政府合同费法》第十四条中规定的经营者除外），对个人或者注册资金（出资）总额1000万日元以下的法人经营者，进行委托制造等。

（3）注册资金（出资）总额5000万日元以上的法人经营者（《防止拖延支付政府合同费法》第十四条中规定的经营者除外），对个人或者注册资金（出资）总额5000万日元以下的法人经营者，进行委托制作信息产品或委托提供劳务（与第（1）项的政令中规定的信息成果或劳务有关的委托除外，本款第（4）项及第8款第（3）（4）项同）。

（4）注册资金（出资）总额1000万日元以上5000万日元以下的法人经营者（《防止拖延支付政府合同费法》第十四条中规定的经营者除外），对个人或者注册资金（出资）1000万日元以下的法人经营者，进行委托制作信息产品或委托提供劳务。

8. 本法规定的"转包商"是指符合以下各项中任意一项的经营者。

（1）个人或者注册资金（出资）总额 3 亿日元以下的法人经营者，从第二条第 7 款第（1）项规定的发包商中承接委托制造等。

（2）个人或者注册资金（出资）总额 1000 万日元以下的法人经营者，从第二条第 7 款第（2）项规定的发包商中承接委托制造等。

（3）个人或者注册资金（出资）总额 5000 万日元以下的法人经营者，从第二条第 7 款第（3）项规定的发包商中承接委托制作信息产品或委托提供劳务。

（4）个人或者注册资金（出资）总额 1000 万日元以下的法人经营者，从第二条第 7 款第（4）项规定的发包商中承接委托制作信息产品或委托提供劳务。

9. 在董事任免、业务执行、业务选择上，受到注册资金（出资）总额 1000 万日元以上的法人经营者的支配，且承接其委托制造等的法人经营者，将与其委托制造等有关的制造、修理、制作或提供行为的全部或绝大部分进行二次委托时（属于第二条第 7 款第（1）或（2）项的经营者，对属于第 8 款第（1）或（2）项的经营者进行委托制造等的情况下，以及属于第二条第 7 款第（3）或（4）项的经营者，对属于第二条第 8 款第（3）或（4）项的经营者，进行委托制作信息产品或委托提供劳务的情况下除外），如果承接二次委托的经营者可以支配董事任免、业务执行和业务选择，并且可以从发起委托制造等的经营者直接承接委托制造等，凡符合第二条第 8 款中任何一项的经营者，凡属发起二次委托的经营者，均被视为发包商；凡属承接二次委托的经营者均被视为转包商。

10. 本法规定的"转包费"是指发包商进行委托制造等时，应向转包商支付（为委托提供劳务时，支付劳务提供费用，下同）的金额。

第二条之二【转包费用的付款日期】

1. 不论发包商是否对转包商的交货内容进行核查，发包商均必须将转包费用的付款日期，定在收到转包商交货之日（为委托提供劳务时，为转包商委托提供劳务之日。下同）起的 60 日以内，且必须定在最短期限内。

2. 如果没有规定转包费用的付款日期，则将发包商收到转包商的交货之日视为转包费用付款日期；如果设定的付款日期违反前项规定，则将发包商收到转包商交货之日起第60日的前一日，视为转包费用付款日期。

第三条【书面定单的提交等】

1. 发包商向转包商提出委托制造等时，必须按照公正交易委员会规则，向转包商提交包括付费内容、转包金额、付款日期、付款方式等内容的书面定单。因正当理由，某项内容尚无法确定时，该项内容可暂不填写。但内容确定后，发包商必须立即将补齐内容后的书面定单提交给转包商。

2. 发包商可以根据政令，且在征得转包商同意的前提下，通过电子信息处理运营商等利用信息通信技术的方法，并按照公正交易委员会规则，向转包商发送应在上述书面定单中填写的所有内容。采取此方法时，视为发包商已提交了该书面定单。

第四条【发包商必须遵守的事项】

1. 发包商向转包商提出委托制造等时，不得出现以下行为（为委托提供劳务时，第（1）项和第（4）项除外）。

（1）不属于转包商责任，却拒绝收领转包商的交货。

（2）超过了付款日期，仍不支付转包费用。

（3）不属于转包商责任，却擅自减少在订货时商定的转包费用金额。

（4）不属于转包商责任，却在收领转包商的交货后退货。

（5）定价明显低于市场或其他类似品的价格。

（6）强制转包商购买自己指定的物品或劳务。有正当理由时除外。

（7）发包商上述行为时，以转包商向公正交易委员会或中小企业厅汇报其的不公正行为为由，减少交易数量、停止交易活动或采取其他对于转包商不利的行为。

2. 发包商向转包商进行委托制造等时，不得通过以下行为（为委托提供劳务时，第（1）项除外），对转包商的利益造成不当损害。

（1）让转包商购买应由发包商承担付款义务的半成品、零部件、附属品或原材料（以下简称"原材料等"）时，没有属于转包商责任的理由，却在使用了该原材料等的转包费用的付款日期之前，从应付转包费用中扣除了该原材料等的全部或一部分费用，或让转包商自行承担该原材料等的全部或一部分费用。

（2）转包费用付款期内，将一般金融机构（指以存款或储蓄，以及资金借贷作为经营行为的机构）认为难以兑现的票据，作为转包费用支付给转包商。

（3）让转包商为其提供金钱、劳务或其他经济利益。

（4）不属于转包商责任，却让转包商变更交货内容，或在收领转包商的交货后（为委托提供劳务时，转包商提供了委托劳务之后），让转包商返工。

第四条之二【拖延付款利息】

发包商没有在转包费用付款日期内支付转包费用时，必须向转包商支付拖延付款利息。拖延付款利息的计算方法为：自收到转包商交货（为委托提供劳务时，转包商提供了委托劳务之日）后满60日之日起，至实际付款之日为止的天数乘以未支付金额所对应的公正交易委员会规则中所规定的比率，再乘以未付金额。

第五条【文件等的制作及保存】

按照公正交易委员会规则中的有关规定，发包商对转包商进行委托制造等时，必须制作写有或记录有转包商的交货内容、收货（为委托提供劳务时，转包商所从事的劳务提供行为）、转包费用的付款等事宜的文件或电子性质的记录（指由电子方式或磁性方式等他人凭知觉无法识别的方式制作而成的记录，且专供电子计算机信息处理使用的记录，下同），并必须予以保存。

第六条【中小企业厅长官的申请】

中小企业厅长官可以调查发包商是否有第四条第1款第（1）（2）（7）项所述的行为，或是否有第四条第1款第（3）（4）（5）（6）项所述的行为，或是否有第四条第二款各项所述的任何一个事实。中小企业厅长官认为发包商存有上述行为或事实时，可以向公正交易委员会提出申请，要求根据本法律规定，采取恰当的措施。

第七条【劝告】

1. 公正交易委员会认为发包商确有第四条第 1 款第（1）（2）（7）项所述的行为时，必须向发包商提出应及时收领转包商的交货，应及时支付转包费用或转包费用及第四条第 2 款规定的拖延付款利息，应及时停止对转包商不利的行为等必要措施的劝告。

2. 公正交易委员会认为发包商确有第四条第 1 款第（3）（4）（5）（6）项所述的行为时，必须向发包商提出应及时支付擅自减少的金额，应及时取回退还于转包商的货品，应及时提高对转包费用的定价，应及时退还强制转包商购买的物品等必要措施的劝告。

3. 公正交易委员会认为发包商确有第四条第 2 款各项所述的任何一个事实时，必须向发包商提出为保护转包商的利益应及时采取必要措施的劝告。

第八条【与《关于禁止私人垄断及确保公正交易的法律》的关系】

《关于禁止私人垄断及确保公正交易的法律》（一九四七年法律第五十四号）第二十条及第二十条之六的规定，在公正交易委员会根据第七条第 1、2、3 款规定进行劝告时，仅适用于发包商遵从劝告时的情况，不适用于对发包商对劝告所采取的行为。

第九条【汇报及检查】

1. 公正交易委员会认为有必要对与发包商的转包商的委托制造等有关的交易（以下简称"交易"）进行公正性约束时，可以要求发包商或转包商汇报交易情况，或派办事员进驻发包商或转包商的公司或工厂，对账本、文件等物品进行检查。

2. 中小企业厅长官认为为保护转包商的利益而特别必要时，可以要求发包商或转包商汇报交易情况，或派办事员进驻发包商或转包商的公司或工厂，对账本、文件等物品进行检查。

3. 发包商或转包商所从事的事业的主管大臣认为，特别有必要配合中小企业厅长官依照第六条规定所开展的调查时，可以要求从事其主管事业的发包商或转包商汇报交易情况，或派办事员进驻发包商或转包商的公司或工厂，对账本、文件等物品进行检查。

4. 根据第 1 款至第 3 款规定，办事员进驻发包商或转包商的公司或工厂时，必须携带其身份证明，并向有关人员出示其身份证明。

5. 根据第 1 款至第 3 款规定开展进驻检查，并非犯罪搜查，不得混淆两者权限。

第十条【罚则】

符合以下任何一项时，应对有违规行为的发包商的代表、代理人、使用人等从业人员，处以 50 万日元以下的罚款。

1. 未按照第三条第 1 款规定，提交书面定单。

2. 未按照第五条规定，制作文件或电磁记录，或未保存，或制作了虚假文件或虚假电磁记录。

第十一条【罚则】

未按照第九条第 1 款至第 3 款规定提交报告，或提交了虚假报告，或拒不接受检查、妨碍检查、回避检查者，处以 50 万日元以下罚款。

第十二条【罚则】

法人代表、法人或自然人的代理人、使用人等从业人员，对其法人或自然人的业务，做出了第十条、第十一条的违规行为时，除了对违规当事人予以处罚以外，还应对其法人或自然人予以刑法中规定的惩罚。

附则（一九五六年六月一日法律第一二〇号）

本法律自公布经 30 日之日起施行。

附则（一九六二年五月十五日法律第一三五号）

本法律自公布经 30 日之日起施行。

附则（一九六三年七月二十日法律第一五七号）

本法律自公布经 30 日之日起施行。

附则（一九六五年六月十日法律第一二五号）
1. 本法律自公布经 30 日之日起施行。
2. 如属本法律施行前的违法行为，则其罚则按旧法执行。

附则（一九七三年十月十五日法律第一一五号）
1.【施行日期】本法律自公布之日起施行。但是，第九条以及附则第五项规定，自公布经三十日之日起施行。
2.【过渡性措施】如属第九条规定施行前的违法行为，则防止拖延支付转包费法的罚则，按旧法执行。

附则（一九九九年十二月三日法律第一四六号）
第一条【施行日期】
本法律自公布之日起施行。但是，第八条、第十一条、第十九条，以及附则第六条、第九条、第十二条的规定，自公布经 30 日之日起施行。
第六条【针对防止拖延支付转包费法部分修改的过渡性措施】
1. 凡属第八条规定施行前，根据该条规定所进行的修改前的防止拖延支付转包费法（以下本条中简称"旧法"）第三条下的委托制造或委托修理，则根据第八条规定修改后的防止拖延支付转包费法（以下本项中简称"新法"）第三条规定，提交书面定单时，按旧法执行。
2. 凡属第八条规定施行前，所进行的旧法第五条下的委托制造或委托修理，则根据新法第五条规定，制作或保存文件时，按旧法执行。
3. 第八条规定施行前，对于旧法第三条、第四条或第五条规定的违规行为，中小企业厅长官对其的纠正措施，公正交易委员会对其进行的劝告及公告，公正交易委员会、中小企业厅长官或主管大臣命令其汇报及实施的检查，均按旧法执行。
第十四条【有关罚则的过渡性措施】
本法律（附则第一条正文中的规定为该规定，下同）施行前的行为，以及本法律施行后,但本附则规定仍按旧法执行的行为,其罚则均按旧法执行。

第十五条【通过政令规定】

除了附则第二条至第十四条中的规定以外,施行本法律所必要的其他过渡性措施,通过政令予以规定。

附则(二〇〇〇年十一月二十七日法律第一二六号)

第一条【施行日期】

本法律于公布后的5个月之内,自政令规定之日起施行。

第二条【有关罚则的过渡性措施】

对于本法律施行前的行为,其罚则按旧法执行。

附则(二〇〇三年六月十八日法律第八七号)

第一条【施行日期】

本法律于公布后的一年之内,自政令规定之日起施行。但是,第十条以及第十一条的修改规定,自公布后经30日之日起施行。

第二条【过渡性措施】

根据经本次修改的本法律(以下简称"新法")中的各项规定,对于本法律施行前,属于新法第二条第1款的委托制造(仅限与模具制造有关的内容),以及同条第3款的委托制作信息产品,以及同条第4款的委托提供劳务,均不适用。

第三条【适用性】

新法第三条第1款的规定,适用于本法律施行后的委托制造等。本法律施行前的委托制造或委托修理,按旧法执行。

第四条【适用性】

新法第四条第1款第(6)项(仅限与强制利用其劳务有关的部分)以及第2款第(3)(4)项的规定,对于本法律施行前的委托制造或委托修理,均不适用。

第五条【有关罚则的过渡性措施】

本法律施行前的行为,以及本法律施行后但附则第三条规定仍按旧法执行的行为，其罚则均按旧法执行。

第六条【通过政令规定】

除了附则第二条至第五条的规定以外，通过颁布政令，作为本法律条款执行的补充性措施。

第七条【研究】

政府将在本法律施行5年后，对新法的施行情况进行调查。根据需要，政府可以对新法的规定做进一步研究，并根据研究结果采取必要的措施。

附则（二〇〇五年四月二十七日法律第三五号）

第一条【施行日期】

本法律于公布后的一年之内，自政令规定之日起施行。

附则（二〇〇五年七月二十六日法律第八七号）

本法律自公司法实施之日起施行。

附则（二〇〇九年六月十日法律第五一号）

本法律于公布后的一年之内，自政令规定之日（以下简称"施行日"）起施行。

公 正 交 易 委 员 会

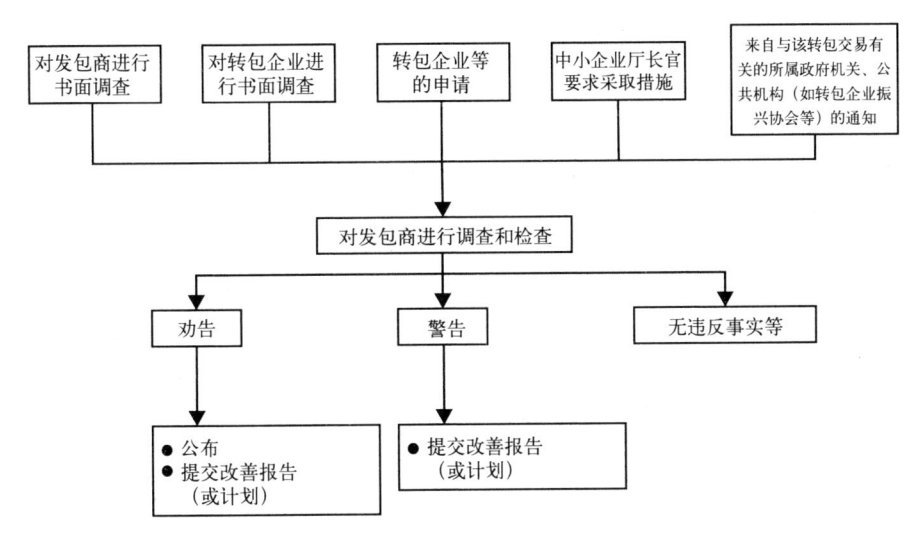

```
┌──────────┬──────────┬──────────┬──────────┬──────────┐
│对发包商进行│对转包企业进│转包企业等│中小企业厅长官│来自与该转包交易有
│书面调查   │行书面调查  │的申请    │要求采取措施 │关的所属政府机关、公
│          │          │          │          │共机构（如转包企业振
│          │          │          │          │兴协会等）的通知
└──────────┴──────────┴──────────┴──────────┴──────────┘
                         ↓
                  对发包商进行调查和检查
           ┌─────────┬─────────┬─────────┐
           劝告       警告       无违反事实等
           ↓          ↓
      ● 公布      ● 提交改善报告
      ● 提交改善报告   （或计划）
        （或计划）
```

公正交易委员会调查流程图

中小企业厅

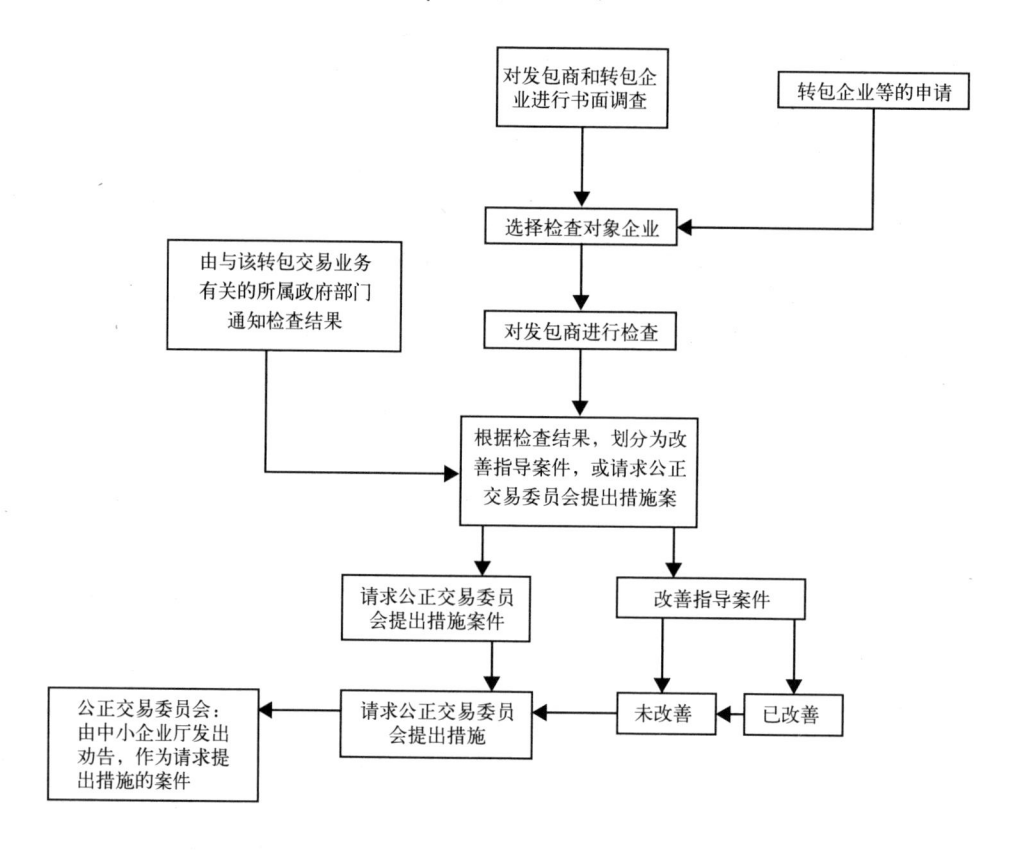

```
                    ┌──────────────┐         ┌──────────────┐
                    │对发包商和转包│         │转包企业等的申请│
                    │企业进行书面调│         └──────┬───────┘
                    │查            │                │
                    └──────┬───────┘                │
                           ▼                        │
                    ┌──────────────┐◄───────────────┘
                    │选择检查对象企业│
                    └──────┬───────┘
                           ▼
                    ┌──────────────┐
                    │对发包商进行检查│
                    └──────┬───────┘
                           ▼
   ┌──────────────┐  ┌──────────────────────┐
   │由与该转包交易│  │根据检查结果,划分为改  │
   │业务有关的所属│─►│善指导案件,或请求公正  │
   │政府部门通知检│  │交易委员会提出措施案    │
   │查结果        │  └──────┬────────┬──────┘
   └──────────────┘         ▼        ▼
                    ┌──────────────┐ ┌──────────────┐
                    │请求公正交易委│ │改善指导案件  │
                    │员会提出措施案│ └──────┬───────┘
                    │件            │        │
                    └──────┬───────┘        ▼
                           ▼         ┌──────┬──────┐
   ┌──────────────┐ ┌──────────────┐ │未改善│已改善│
   │公正交易委员会│◄│请求公正交易委│◄┤      │      │
   │:由中小企业厅│ │员会提出措施  │ └──────┴──────┘
   │发出劝告,作为│ └──────────────┘
   │请求提出措施的│
   │案件          │
   └──────────────┘
```

转包费法案件处理流程图

根据《防止拖延支付转包费法》第四条之二的规定决定拖欠罚息利率的规则

（制定）1962年5月15日公正交易委员会规则第1号
（修改）1970年5月8日公正交易委员会规则第1号

根据《防止拖延支付转包费法》(1956年法律第120号)第四条之二的规定，制定本规则。

根据《防止拖延支付转包费法》第四条之二的规定，制定决定拖欠罚息利率的规则。

根据《防止拖延支付转包费法》第四条之二的规定，将转包费的拖欠罚息利率定为年利率14.6%。

附则：本规则自1962年6月14日起实施。

附则（1970年公正交易委员会规则第1号）：本规则自公布之日起实施。

日本防止拖延支付政府合同费法

（1949 年 12 月 12 日法律第 256 号）
最终修改：2002 年 12 月 13 日法律第 152 号

第一条【目的】

为了防止政府合同费用的拖延支付，实现公正化，提高政府的会计财务处理效率，实现国民经济的健康发展，特制定本法律。

第二条【定义】

本法律下的"政府合同"是指合同当事者的一方为政府（包括政府部门和政府所属公共机构，下同），对于政府以外的另一方当事者完成的工程、进行的作业、提供的劳务、交货的物品，政府应支付相应的费用。

第三条【政府合同的原则】

政府合同当事者，必须根据在对等立场下达成的一致，签订公正的合同。必须诚实守信地履行合同。

第四条【政府合同中必要的内容及事项】

政府合同当事者按照上条的宗旨签订合同时，除了必须以书面方式明确交货内容、价格，交货完毕的日期等必要事项以外，还必须以书面方式（包括电子方式等他人凭知觉无法识别的方式制作而成的记录，且专供电子计算机信息处理使用的记录，下同）（仅限财务部规定的内容，第十条相同）明确以下各项的内容。但是，根据其他法令允许省略合同（为以电子形式制作的记录时，包括该电子形式的记录）制作时除外。

（1）对于合同规定的交货内容的"交货完毕的确认日期或检查日期"。

（2）合同款的付款日期。

（3）当事者出现拖延履行等不履行债务时的拖欠利息、违约金等损害赔偿金。

（4）解决合同纠纷的方法。

第五条【交货完毕的确认日期或检查日期】

政府接到对方交货完毕通知日起，如为工程项目政府必须在14日以内，如为其他项目政府必须在10日以内，确定交货完毕的日期。

政府检查对方的交货后，发现其交货的全部或一部分有违反合同或履行合同不当之处时，可以要求对方进行改正或改善。此种情况下，上款所述的日期应改为，政府接到对方已改正或改善完毕通知之日起，确定交货完毕的日期。

第六条【付款日期】

第四条第（2）项的付款日期必须为，政府完成"交货完毕的确认或检查"后，自接到对方合法的付款通知之日起，如为工程费用则必须在40日，如为其他费用则必须在30日（以下将根据本规定或第七条规定而约定的期间称为"约定期间"）以内。

政府收到对方的付款通知后，发现其内容的全部或一部分有不当之处时，必须向对方指出不当之处，且向对方发出拒付通知。此种情况下，如果该付款通知的内容不当是因轻微过失所致，则自对方收到拒付通知之日起，至政府收到对方改正不当内容后的付款通知之日为止的期间，不得不计入约定期间；如果该付款通知的内容不当是因对方故意或重大过失所致，则认为该付款通知不合法。

第七条【决定期间的特例】

从合同性质上看，合同中包含遵从前两条规定明显困难的特殊内容时，经当事者同意，可以设定特别期间。但是，特别期间必须在前两条的最长时间乘以1.5（倍）所得天数之内。

第八条【拖延付款利息的金额】

因政府未能在约定的付款日期内付款而产生的拖延付款利息的金额，应根据约定的付款日期到期之日的第2日起，至实际付款之日为止的天数，乘以该未付金额所对应的财务大臣根据银行的一般贷款利率所决定的比率，乘以未付金额计算。但是，未能在约定的付款日期之内付款是因天灾地变等不可抗力的事由所致时，则不得将该事由的持续期间算入约定期间，或不得算入应支付拖延付款利息的拖延天数。

根据上款规定计算得出的拖延付款利息金额不足100日元时，无须支付该拖欠拖延付款利息；拖延付款利息金额的不满100日元的部分，应舍掉。

第九条【交货完毕的确认或检查的延期】

政府未能在约定期间内完成"交货完毕的确认或检查"时，应从约定期间的天数中减去自超过约定期间之日起至实际确认或检查之日为止的拖延天数。如果该拖延天数超过了约定期间的天数，则认为约定期间已满期，政府必须按照上一条的计算方法，使用合同各方就拖延所约定的利率，计算出拖延付款利息并支付给对方。

第十条【未遵守规定时】

政府合同当事者未按照第四条正文中的规定，以书面方式明确同条第一项至第三项所述事项时，应将政府收到交货完毕通知之日起10日之内的某一日，视为同条第一项的日期；应将对方发出付款通知之日起15日之内的某一日，视为同条第二项的日期；应将按照第八条的计算方法，以及同条第一项的财务大臣决定的利率计算而得的金额，视为同条第三项所述的政府未在付款日期前付款时应承担的拖延付款利息。政府合同当事者，没有以书面方式明确除第四条正文以外的同条第一项至第三项所述事项时，亦应采取同样的处理方法。

第十一条【对政府超额付款的未按期退款的利息】

政府向对方支付了预付款或概算付款的情况下，如果已付款完毕的金额已经超过了应付款金额，而合同对方并未在政府的"超额付款的退款告知书"中规定的退款期限内退款的话，对方必须向政府退款的同时，还必须向政府支付未按期退款利息。未按期退款利息的计算方法为，退款期限的第二日起至实际退款日为止的天数，乘以该未按期退款金额所对应的与第八条第一款规定的比率相同的比率，乘以未按期退款金额。

第十一条之二【行政手续中利用信息通信技术法律的不适用】

本法律中规定的各类手续中，《行政手续中利用信息通信技术法律》（二〇〇二年法律第一五一号）第三条及第四条规定不适用。

第十一条之三【通过电子方式完成的手续】

根据第五条、第六条及第十条规定，对方发出的通知或请求是以电子方式（指通过电子信息处理运营商等利用信息通信技术的方法，且财务部命令中规定的方式。下一款相同）制作时，可以将把这些通知或请求导入国家使用的电子计算机的文件里，视为通知或文件已到达国家一方。

根据第六条第二款规定，国家发出的通知或请求以电子方式制作时，则将这些通知或请求导入对方使用的电子计算机的文件里，视为通知或文件已到达对方。

第十二条【财务大臣的监督】

为了确保本法律的正确实施，防止政府合同的拖延付款，财务大臣可以要求各部各厅（指《财政法》一九六三年法律第三十四号第二十一条规定的各部各厅）以及公共团体汇报付款情况，并开展实地监查，必要时还可以经内阁会议决议，下达关于付款的指示。

与上款的相同，财务大臣可以要求政府合同的对方，汇报付款情况，或根据需要开展实地调查。

第十三条【惩戒处分】

处理政府合同中政府一方的会计事务的职员承认因故意或过失严重拖延

了付款时，具有该职员任命权的人，必须对该职员处以惩戒处分。

会计检查院的检查结果发现，政府合同中的政府一方的处理会计事务的职员承认了因故意过失严重拖延了付款，但是，具有该职员任命权的人却没有按照上一项规定予以处分时，必须要求具有任命权的人对该职员予以惩戒处分。

第十四条【本法律的准用】

本法律（第十二条及第十三条第二项除外）的规定，在地方公共团体执行的法律中准用。

附则 摘录

1. 本法律自公布之日起实施。

2. 本法律实施前的政府合同中，政府收到了对方的交货完毕通知，其中有无须进行"交货完毕的确认或检查"的内容时，或受理了对方的合法付款通知，其中有无需付款的内容时，第四条第一项及第二项所述的日期，应定在本法律实施之日起第五条及第六条中的最长日期以内。拖延付款的利息率，低于第八条第一款的比率时，应取第八条第一款的比率。但是，根据第七条规定，在其限制内也可以取一个特别的时间。

3. 本法律实施前，因实际付款超出了应付款，政府向对方发出了退款告知书，但超过了指定退款日期，对方仍未退款时，对方除了退款之外，还必须向政府支付自本法律实施之日起，根据第十一条规定计算得出的未退款利息。

附则（一九五二年七月三十一日法律第二五一号）摘录

本法律自公布之日起实施。

附则（一九五三年七月十五日法律第六〇号）摘录

本法律自《公社法》实施之日起实施。但是，第十条、第十一条以及以下负责内容，自一九五四年一月一日起实施。

附则（一九五四年五月二十二日法律第一二一号）摘录

本法律自公布之日起实施。

附则（一九五六年五月四日法律第九四号）摘录

本法律自公布之日起实施。

附则（一九六七年七月二十日法律第七三号）摘录

本法律自公布之日起实施。但是，附则第八条至第三十一条规定，于公布之日起 6 个月以内，自政令规定之日起实施。

附则（一九八四年八月十日法律第七一号）摘录

第一条【实施日期】

本法律自一九八五年四月一日起实施。

第六条【针对政府合同费用防止拖延付款法部分修改的过渡性措施】

对于本法律实施前旧公社的合同，根据第十五条规定，修改前的政府合同费用防止拖延付款法第十四条规定在本法律实施后仍然有效。

附则（一九八四年十二月二十五日法律第八七号）摘录

第一条【实施日期】

本法律自一九八五年四月一日起实施。

第五条【针对政府合同费用防止拖延付款法部分修改的过渡性措施】

对于本法律实施前旧公社（原日本国有铁道现日本铁路公司（JR），原日本专卖公社现日本烟草产业株式会社（JT），原旧日本电信电话公社现日本电信电话株式会社（NTT））的合同，根据第十九条规定，修改前的政府合同费用防止拖延付款法第十四条规定在本法律实施后仍然有效。

附则（一九八六年十二月四日法律第九三号）摘录

第一条【实施日期】

本法律自一九八七年四月一日起实施。

第九条【针对政府合同费用防止拖欠法部分修改的过渡性措施】
关于本法律实施前的日本国有铁道的合同，根据第八十条规定，修改前的政府合同费用防止拖延付款法第十四条规定仍然有效。

附则（一九九九年十二月二十二日法律第一六〇号）摘录
第一条【实施日期】
本法律（第二条及第三条除外）自二〇〇一年一月六日起实施。

附则（二〇〇二年十二月十三日法律第一五二号）摘录
第一条【实施日期】
本法律自《关于行政手续中信息通信技术的利用的法律》（二〇〇二年法律第一百五十一号）实施之日起实施。
第四条【关于罚则的过渡性措施】
对本法律实施前的行为的罚则，按旧法执行。
第五条【其他过渡性措施通过政令决定】
除以上三条规定以外，有关本法律实施过程中的其他必要的过渡性措施，将通过政令决定。

韩国转包合同公平交易法

【2016年1月25日实施】【第13451号法律，2015年7月24日部分修订】
最终公布内容
公平贸易委员会（企业贸易政策科），044-200-4589

第一条【目的】

本法（简称"转包简易法"）旨在确立公平的转包合同秩序，总包商与转包商在对等的地位上互利共赢，为国民经济的健康发展做出贡献。

[专门修订 2009.4.1]

第二条【定义】

1. 法律中的"转包交易"意指总包商向转包商委托制造（包括委托加工，以下同上）委托修理、委托建设或者委托劳务，以及总包商从其他经营者承接的委托制造、委托修理、委托建设或者委托劳务等再委托给转包商时，受此委托（以下均称为"制造等委托"）的转包商把接受委托的制造、修理、施工或者劳务供应，转交或提供（以下均称"供应等"）给对方后收取代价（以下均称"转包款"）的行为。

2. 本法中"总包商"意指，符合下列任意一种情况的经营者。（修订2011.3.29；2014.5.28；2015.7.24）

（1）作为不是中小企业者（指遵行《中小企业基本法》第二条第1项或第3项的，包括依从《中小企业合作组合法》的中小企业合作组合）的经营者向中小企业者委托制造等。

（2）上一年度销售（依据相关法律，在适用于施工能力评价额的交易中，年销售额意指其转包合约签约当时公示的施工能力评价额的总额（最新一次公示），没有年销售额或者施工能力评价额的情况下就按照资产总额计算。下同）高于获得制造委托的其他中小企业者的年度销售额，并向其他中小企业者委托制造的中小企业者，但销售额与总统令所指定的年销售额相当的中小企业者除外。

3. 在本法中"转包商"意指，在第 2 项中从总包商承接制造等委托的中小企业者。

4. 经营者依据《垄断规制及公正交易相关法律》第二条第 3 项向从属公司进行制造等委托，其所属公司把受委托的制造、修理、施工以及劳务实行行为的全部或者部分，重新委托给第三方时，其从属公司虽不属于第 2 项各项的任何一项，但是第三方直接从委托其所属公司的经营者接受制造等委托，属第 3 项的情况时，其从属公司与第三方分别视为本法的总包商和转包商。

5. 依据《垄断规制及公正交易相关法律》第九条第 1 项属于相互出资限值企业集团的公司，进行制造等委托或承接委托时遵行以下各项。

（1）委托制造等的公司即使不符合本法第二条第 2 项的中的任何一项，也视作总包商。

（2）承接制造等委托的公司虽然符合本法第二条第 3 项，但不视为转包商。

6. 本法中"委托制造"意指，符合下属列举各项中任意一种行为，且将其作为业务的经营者，把对其业务的物品委托给其他经营者制造。此类情况，对其业务的物品范畴由公平贸易委员会命定并进行公示。

（1）物品的制造。

（2）物品的销售。

（3）物品的维修。

（4）建设。

7. 即使第 6 项规定，对总统令所规定的物品，在总统令限定的特别市，广域市等地域，适用第 6 项。

8. 本法中"委托修理"意指，经营者以接受订单维修物品作为其经营内容或是自己维修物品作为其经营内容的情况下，将其修理行为的全部或者部分委托给另一个经营者的行为。

9. 本法中"建设委托"指符合下列各项中任意一项的经营者（以下均称"建筑商"）把其业务建设施工的全部或者部分委托给其他建筑商，或把总统令所命定的建设施工委托给其他经营者的经营者。（修订 2011.5.24）

(1)《建设产业基本法》第二条第 7 项所述建筑商。

(2)《电施工业法》第二条第 3 项所述施工方。

(3)《信息通信施工业法》第二条第 4 项所述信息通讯施工方。

(4)根据《消防设施工业法》第四条第 1 项登录在册的消防施工方。

(5)此外用总统令命定的经营者。

10. 本法中"发包人"意指给产业者提供制造、修理、施工或者劳务施行的对象。但是，再转包时意指总包商。

11. 本法中"劳务委托"意指知识、情报成果物的制定或者提供劳务为业务的（以下均称为"劳务"）经营者（以下均称"劳务中介"）对其业务实行劳务行为的全部或者部分委托给其他劳务中介。

12. 本法中"知识、信息成果"意指符合下列各项中的任意一项。（修订 2010.4.12）

(1)信息程序（《软件产业振兴法》第二条第 1 项所述软件，为取得特定的结果，在电脑、电子计算机等具有信息处理能力的装置中内置的一联的指示、命令组合而成的）。

(2)电影，电视节目，此外视频、音频或者由影音构成的成果。

(3)文字、图形、记项的结合或者文字、图形、记项和色彩的结合构成的成果物（《建筑师法》第二条、第三条所述设计及《工程产业振兴法》第二条第 1 项所述工程活动中包含设计）。

(4)除遵行第 1 项至第 3 项的规定外，其余由公平贸易委员会制定并进行公示。

13. 本法中"劳务"意指符合下列各项中任意一项活动。（修订 2010.4.12）

(1)《工程产业振兴法》第二条第 1 项所述工程活动（设计除外）。

(2)根据《货物汽车运输事业法》利用货物车运送货物或者进行中介活动。

(3)根据《建筑法》维护管理建筑物的活动。

(4)根据《警卫业法》对设施、场所、物件等防止发生危险等或防止对人身性命、身体发生危险，保护其周身而进行的活动。

（5）此外为完成受总包商委托的事务而提供劳务的行为，由公平贸易委员会命定且公示的活动。

14. 本法中"期票代替结算手段"意指总包商支付转包款时用期票代替使用的一种支付手段，需符合下列各项中的任意一项。

（1）企业购买专属卡：总包商为支付转包款依照《债券专门金融业法》从信用卡发放方那里所申请到的信用卡或者借记卡在一般的信用卡加盟店无法使用，按总包商、转包商及信用卡业者之间的合同，只为给该转包商付转包款为目的所使用。

（2）销售债券担保贷款：转包商为拿到转包款对总包商拿销售债券为担保向金融机构申请贷款，总包商用转包款替转包商偿还贷款，此行为按韩国银行总裁所定的条件进行贷款操作。

（3）购买论：总包商与金融机构约定贷款额度，以贷款金额利用信息处理系统给转包商支付转包款，到期日向金融机构偿还贷款。

（4）此外作为支付转包款时使用期票代替支付的手段，由公平贸易委员会命定并公示。

15. 本法中"技术材料"意指经过相当努力且具有机密性质的制造、修理、施工或者劳务施行方法的有关资料，此外有用于营业活动，具有独立经济价值的，总统令所命定的资料。（新订 2010.1.25）

[专门修订 2009.4.1]

第三条【书面签发与文件保存】

1. 总包商向转包商进行委托制造等的情况下，需将记载本条第2项事项的书面文件（包含《电子文件及电子交易基本法》第二条第1项的电子文件。以下同样适用本条）按照下列情形中的期限发放给转包商。（修订 2010.1.25；2012.6.1）

（1）委托制造的情况：转包商开始做交货准备之前。

（2）委托修理的情况：转包商开始合同签订的修理行为之前。

（3）委托建设的情况：转包商合同工程动工之前。

（4）委托服务的情况：转包商开始合同签订的服务执行行为之前。

2. 第 1 项的书面记载包括转包款及其支付方法等转包合同内容,以及第十六条之二第 1 项中原材料的价格变动引起转包款的调解条件、方法及程序变动等总统令规定的事项,总包商与转包商签名(包含《电子签名法》第二条第 3 项中规定的电子签名认证。以下同样适用本条)或签名盖章。(修订 2010.1.25)

3. 虽然有第 2 项规定,但有灾害和事故进行紧急重建工程等正当事由的情况下,总包商对于难以确定委托时间的事项可以不记载相关事项进行书面签发。这种情况下,要将未规定相关事项的理由及预订日期记载到书面上。(新设 2010.1.25)

4. 总包商依据第 3 项签发了未记载部分事项书面文件的情况下,在相关事项确定时应立即签发记载该事项的新书面文件。(新设 2010.1.25)

5. 总包商进行制造等委托时,未签发记载第 2 项事项的书面文件(包含依据第 3 项未记载部分事项的书面文件)的情况下,转包商需将受托工作的内容、转包款等总统令规定的事项以书面方式通知总包商,要求确认委托内容。(新设 2010.1.25)

6. 总包商自收到第 5 项通知之日起 15 日以内,将对其内容的认可或否认意见的回执单给到转包商。在此期间内未发送回信的情况下,则推定为按转包商通知的内容进行了委托。因天灾或突发事件而不能回信的情况除外。(新设 2010.1.25)

7. 第 5 项的通知需有转包商的签名盖章,第 6 项的回信需有总包商签名盖章。(新设 2010.1.25)

8. 第 5 项的通知及第 6 项的回信中相关的必要事项依据总统令规定。(新设 2010.1.25)

9. 总包商与转包商要依据总统令规定,保存转包交易相关文件。(修订 2010.1.25)

[专门修订 2009.4.1]

第三条之二【标准转包合同的制定和使用】
公平交易委员会可以建议本法的适用对象总包商或成为本法适用对象的

公司或公司团体制定和使用标准转包合同。

[专门修订 2009.4.1]

第三条之三【总包商与转包商间签订协议】

1. 公平贸易委员会可推荐总包商与转包商就相关转包关联法令的遵守及相互支援、合作签订有约定性的协议。

2. 总包商与转包商签订第 1 项的协议时，为鼓励其实行，公平贸易委员会预备实施奖金等支援政策。

3. 公平贸易委员会制定有关第 1 项所述协议的内容、签订步骤、履行业绩评价等支援政策所需要的事项。

[新订本条 2011.3.29]

第三条之四【禁止不当的特约】

1. 总包商不能设定用不当的方法侵害转包商利益或限制合约条件。

2. 符合下面各项中任意一项的，属于不当特约。

（1）总包商要求第三条第 1 项无书面记载的内容而产生的费用由转包商负担的条约。

（2）总包商应负担的投诉处理、产业灾害等相关费用，转嫁给转包商的条约。

（3）总包商要求竞标内容所没有的事项而发生的费用由转包商承担的条约。

（4）此外限定本法保护的转包商利益或把总包商该承担的义务转嫁给转包商等总统令命定的条约。

[新订本条 2013.8.13]

第四条【禁止不当的转包款的决定】

1. 总包商委托转包商制造等时，对等同于或类似于标的物的支付代价不能用不正当的，且低于一般价格来决定转包款（以下均称"不当的转包款的决定"）或强制其转包的。（修订 2013.5.28）

2. 符合下列各项中任意一项的总包商行为，视作不当的转包款定价。（修订 2013.5.28）

（1）在无正当理由下，用统一比率降低单价来决定转包款的行为。

（2）以协助邀请等任何名义，单方面对金额进行折扣并将扣除其折扣金额定为转包款的行为。

（3）在无正当理由下，差别对待特定转包商，并决定转包款的行为。

（4）让转包商在订单量等交易条件引起错觉或提供其他转包商报价、虚假报价等方法欺瞒转包商，利用此点决定转包款的行为。

（5）总包商单方面以低价决定转包款的行为。

（6）以有选择权的合同签订转包合同时，在无正当理由下，遵从总统令命定的以低于直接施工费总和来决定转包款的行为。

（7）根据竞标签订转包合同时，在无正当理由的情况下以低于最低竞标价格决定转包款的行为。

（8）持续性交易合同中，以总包商的经营赤字、降低销售价格等不能转为转包商责任的手段来决定对转包商不利的转包款行为。

[专门修订 2009.4.1]

第五条【禁止物品等的强制购买】

总包商委托转包商制造等时，对其标的物等的质量维持、改善等有正当的理由外，不能对转包商强行购买或使用（包含利用，以下均同上）其指定的物品、装备或者劳务的提供等。

[专门修订 2009.4.1]

第六条【预付款的支付】

1. 给转包商进行委托制造等的总包商从下订单者收到预付款时，为转包商开展进行制造、修理、施工以及劳务实行，按照总包商收到的预付款的内容及比率从收到预付款之日起开始 15 天内付给转包商支付预付款。

2. 下订单者给总包商的预付款支付时间超过上述第一项中所规定的时间，对其超过期限部分在年利率 40% 以内的，应依据《银行法》中银行施行的滞

纳金等经济政策，按照公平贸易委员会所制定和公示的利率支付利息。（修订 2010.5.17）

3. 总包商利用期票或能够替代期票的支付方式来支付第 1 项中规定的预付款时，对期票折扣费、手续费的支付及期票折扣率、手续费费率将遵行第十三条第 6 项、第 7 项、第 9 项及第 10 项。此种情况"标的物等受领时期开始 60 天"是看作"总包商从下订单者已收到预付款 15 天"。

[专门修订 2009.4.1]

第七条【国内信用证的开设】

总包商将用于出口的物品委托转包商制造或服务的情况下，除有正当理由，应在 15 日以内给转包商开具国内信用证。但是，在信用证出口的情况下，总包商在收到出口信用证之前进行委托制造或委托服务时，需在收到出口信用证之日起 15 日以内开具国内信用证。

[专门修订 2009.4.1]

第八条【禁止取消不正当委托等】

1. 总包商进行委托制造等之后，在转包商无责任的情况下，不得有下列行为，但在委托服务中委托劳务提供的情况下不适用于第 2 款。

（1）随意取消或变更委托制造等的行为。

（2）拒绝或延迟对标的物的交付等的领取或接收行为。

2. 有标的物的供货等情况下，除总包商委托劳务提供的情况外，在其标的物等的检查之前，（依据第七条开设国内信用证的情况，检查结束后）应立即向转包商发放领取证明书。但是，委托建设的情况下，要在检查结束后立即领取其标的物。

3. 第 1 项第 2 款中的"领取"意指，发包商接受转包商交付的标的物等，实际上由总包商进行支配。移交困难的标的物等，检查开始时即视为领取之时。

[专门修订 2009.4.1]

第九条【检查标准、方法及时间】

1. 对转包商交付的标的物等的检查标准及方法，由总包商和转包商进行协商之后，客观、公正、合理地规定。

2. 总包商除有正当理由之外，接收转包商标的物等（委托制造的情况下，包含通知既成部分的日期；委托建设的情况下，指收到转包商工程竣工或既成部分通知的日期）之日起10日内，应将检查结果书面通知转包商，在此期间若未将检查结果书面通知转包商，则视为检查合格。但在委托服务中委托劳务提供的情况不适用于本项。

[专门修订 2009.4.1]

第十条【禁止不正当退货】

1. 总包商收到转包商标的物等交付的情况下，如转包商无过错，则不得将标的物退货给转包商（以下均称"不正当退货"）。但是，在委托服务中委托劳务提供的情况不适用于本项。

2. 属于下列情形之一的总包商的行为，视为不正当退货。

（1）以交易方取消订单或经济情况变动为由退回标的物的行为。

（2）检查标准及方法规定不明确，将标的物等不正当地判定为不合格而退货的行为。

（3）由于总包商供应的原材料质量不合格而导致标的物等被判定为不合格产品的退货行为。

（4）由于总包商的原材料提供延迟而导致交期延迟，却以交期延迟为由退货的行为。

[专门修订 2009.4.1]

第十一条【禁止扣减】

1. 总包商在进行委托制造等时，无正当理由不得扣减转包款金额。

总包商可以证明有正当理由的，可以扣减转包款金额。（修订 2011.3.29）

2. 属于下列情形之一的总包商的行为，视为无正当理由。（修订 2011.3.29；2013.5.28）

（1）委托时没有明确转包款扣减等条件，委托后以协助请求，或是以交易方取消订单，或是以经济情况变动等不合理理由，扣减转包款的行为。

（2）与转包商达成下调单价协议后，对达成该协议之前的委托部分，也按该协议内容进行追溯和适用，扣减转包款的行为。

（3）现金支付转包款或以提前支付为由，过分扣减转包款的行为。

（4）以对总包商的损失没有造成实质性影响的转包商的过失为由，扣减转包款的行为。

（5）自行购买标的物等的制造、修理、施工或是服务执行中需要的物品或是使用自有设备等的情况下，从转包款中扣除超出合理的购买货款或使用代价金额的行为。

（6）以转包款支付时的物价或原材料价格等低于交货时为由，扣减转包款的行为。

（7）以经营亏损或是销售价格下调等不合理的理由，扣减转包款的行为。

（8）依据《雇佣保险及产业灾害补偿保险的保险费征收等相关法律》《产业安全保健法》等，将总包商必须负担的雇佣保险费、产业安全保健管理费，以及其他的费用转嫁给转包商的行为。

（9）除了以上第1款到第8款规定之外，参照总统令规定的其他行为。

3. 总包商依据第1项附加条款扣减转包款的，需将记载扣减事由和标准等总统令规定的事项，提前书面交与相关转包商。（新设 2011.3.29）

4. 总包商无正当事由扣减的金额，从收到标的物等之日起60日之后支付的，对其超过期限部分在年利率40%以内的，可依据《银行法》中银行适用的逾期利率等经济情况，根据公正交易委员会规定告知的利率支付利息。（修订 2010.5.17；2011.3.29）

[专门修订 2009.4.1]

[标题修订 2011.3.29]

第十二条【禁止物品采购款等不当结款报销】

总包商要求转包商从自身处购买在标的物的制造、修理、施工和执行劳务时所需的物品或要求使用自身提供的装备时，在无正当理由，不得采取下列行为。

（1）对所属标的物转包款的支付日之前，要求转包商支付购买款或支付装备使用代价的全部或部分的行为。

（2）要求转包商以明显比其自己购买、使用或者第三方提供更加不利的条件支付购买款或使用上述物品的行为。

[专门修订 2009.4.1]

第十二条之二【禁止经济利益的不当要求】

总包商在无正当事由下，不可向转包商为自己或第三方索求金钱、物品、劳务及其他带来经济利益的行为。

[专门修订 2009.4.1]

第十二条之三【禁止要求提供技术材料等】

1. 总包商不可向转包商要求提供技术资料给自己或者第三方。唯有总包商证明其正当理由时方可要求。（修订 2011.3.29）

2. 总包商根据第1项向转包商要求技术资料时，应提前与转包商协商确定，如要求目的、有关保密协议事项、权利归属关系、代价等总统令命定的事项内容后，将其记载成书面内容提供给该转包商。（新订 2011.3.29）

3. 总包商所得到的技术资料不能用于自己或第三方。(修订 2011.3.29)

[新订本条 2010.1.25]

[题目修订 2011.3.29]

第十三条【转包款的支付等】

1. 总包商委托转包商进行制造等时，转包款支付须定在从标的物的受领日（在建设委托的情况下，意指交接日；劳务委托时把转包商完成委托的劳务实行之日，而因交货等频繁，总包商与转包商需要确定每月1次以上税金计算单的发行日的情况时，发行日就是其交接日，以下均同）起 60 日以内的尽可能支付最短期限内能支付的日期为止。但属于下列任何一项时除外。

（1）能够承认总包商和转包商在对等的地位下决定支付日期的情况。

（2）参照有关业种的特殊性和经济条件，能够承认其支付日期为正当的情况。

2. 没有标明转包款支付日期的情况，将标的物等的收领日看作为转包款的支付日期；自标的物等的收领之日起60日过后再确定转包款支付日期的情况（属于第1项提示的情况除外），将收领标的物等之日起的第60日看作为转包款的支付日期。

3. 总包商向转包商进行制造等的委托的情况下，总包商根据制造、修理、施工或劳务执行行为的完成得到竣工金或根据制造、修理、施工或劳务执行行为的进度得到完成金（此时为根据转包商对制造、修理、施工或劳务执行的部分所得到的金额）时，应在15日（转包款的支付期在之以前的，以支付日期为准）内向转包商支付其所得到的竣工金或完成金等。

4. 总包商向转包商支付转包款时，其现金比例不得少于总包商从发包人处拿到的现金支付的比例。

5. 总包商利用期票支付转包款时，其支付的期票金额不得超过从发包人那里所得到的有关制造等的委托的期票余额（自发行之日起到截止日期）。

6. 总包商用期票结算转包款时，其期票根据法律设立的金融机构中是可打折的，交付期票日开始到期满期间的贴现也要在交付期票时一同支付给转包商。唯有标的物受领60日（根据第1项，已定好支付日期时，其支付日期为：若收到发包人竣工金或费用时是第3项所定的15日内支付的期限。以下同组相同）内交付期票时，标的物等受领日60日以后到期满为止期间发生的贴现，应在标的物等受领日60日以内支付给转包商。

7. 总包商利用期票来结算时，支付日（若使用企业采购专用卡则是该卡的账单日；若为信用销售债券担保贷款，则是交货等明细的发送日；购买时则是购买资金的结算日，以下均同）起到偿还转包款为止的期间产生的手续费（包含贴现费、贷款利息等，以下均同）也一同在支付日支付给转包商。但标的物受领60日内利用期票支付时标的物等受领日60日之后到转包款偿还日期为止期间产生的手续费应在标的物等受领日60天以内支付给转包商。

8. 总包商自标的物等受领日60日之后支付转包款的，对其超过期限部分在年利率40%以内的，依据《银行法》中，银行适用的逾期利率等情况，根据公平贸易委员会规定告知的支付利息。（修订2010.5.17）

9. 第6项所适用的贴现率在年利率40%以内，考虑到根据法律所设立的金融机构适用的商业期票折扣率，由公平贸易委员会决定后告示。

10. 总包商与金融机构（包括遵行《专业信贷金融业务法》第二条第2项（2）的信用卡业者）签署的期票结算时约定的手续费，作为适用于第7项的手续费。（修订 2015.7.24）

11. 第1项至第10项的规定作为遵行《有关强化骨干企业成长促进及竞争力的特别法》第二条第1项且其年销售额低于总统令所定金额（与第1项公司交易的情况下定为3000亿元）的骨干企业，从属于下列各项中的任何一项，受到制造等委托的情况下也适用。在此情况下，进行制造等的委托者适用第1项至第10项、第十九条、第二十条、第二十三条第2项、第二十四条之四第1项及第6项、第二十五条的第1项及第3项、第二十五条之二、第二十五条之三第1项、第二十六条第2项、第三十条第1项、第三十三条、第三十五条第1项时、视作总包商。受到制造等委托的骨干企业适用第1项至第10项、第十九条、第二十一条、第二十三条第2项、第二十四（4）第1项、第二十五条之二、第三十三条时、视作转包商。（新设 2015.7.24）

（1）遵行《有关垄断规制及公平交易的法律》第九条第1项，属于相互出资限制企业集团的公司。

（2）不属于遵行第1项的经营者，且其年销售额超过总统令所定金额的经营者。

[专门修订 2009.4.1]

第十三条之二【建设分包，履行合同及货款支付保证】❶

1. 委托建设的情况下，总承包商从分包合同签订之日起30日以内按照下列情形保证支付相关金额的工程款（支付手段为汇票的，到支付日；代替汇票支付手段的，截止到分包款到期之日为保证期间），分包商需向总承包商

---

❶ 根据韩国《建筑工程施工转包违法分包等违法行为认定查处管理办法》，建筑工程施工合同禁止转包，即施工单位承包工程后，可以将其承包的全部工程或者将其承包的全部工程肢解后以分包的名义分别转给其他单位或个人施工，故在建筑工程施工转包中将施工单位称为总承包商，转包单位称为分包商。——译者

支付合同金额的10%，作为履约保证金。但是，考虑到总承包商的财务结构和工程规模等，认为不需要保证或不适合保证的情况下，依据总统令规定，可以除外。（修订2014.5.28）

（1）工期少于4个月的，从合同金额减去预付款的金额。

（2）工期超过4个月，对既成部分代价的支付周期在2个月以内的情况，根据以下算式计算金额。

$$担保金额 = \frac{分包合同金额 - 合同预付金额}{工期（月数）} \times 4$$

（3）工期超过4个月，对既成部分代价的支付周期超过2个月的情况，根据以下算式计算金额：

$$担保金额 = \frac{分包合同金额 - 合同预付金额}{工期（月数）} \times 对既成部分代价的支付周期（月数） \times 2$$

2. 根据第1项规定存在不需要或不适合支付担保理由的，在理由消失的情况下，总承包商应自理由消失之日起30日内按照第1项进行工程款支付担保。但是，考虑到合同的剩余期限、委托事务的完工率等，认为不需要担保的情况下，依据总统令规定，可以除外。（新设2014.5.28）

3. 依据第1项或第2项，总承包商和分包商之间的担保通过现金（包含邮政机构或银行依据《银行法》发行的支票）支付或下列机构发行的担保书交付。（修订2010.5.17；2014.5.28）

（1）依据《建设产业基本法》的各共济行会。

（2）依据《保险业法》的保险公司。

（3）依据《信用保证基金法》的信用保证基金。

（4）依据《银行法》的金融机构。

（5）除此之外总统令规定的担保机构。

4. 第3项中的机构属于下列情形之一的，在分包商提供担保条款必要的申请资料要求支付情况下，需 30 日内将担保金额支付给分包商。但是，出现是否满足保证金支付条件、对支付额的分歧等总统令规定的不可抗拒事由的情况下，担保机构需通知分包商，可以在总统令规定期间保留保证金的支付。（新设 2013.8.13；2014.5.28）

（1）总承包商因停止活期账户或停止金融交易而无法支付分包款的情况。

（2）因总承包商破产、倒闭、停业或开始申请公司再生程序等无法支付分包款的情况。

（3）因总承包商与该项目有关的登记、执照等取消、注销或因停止营业等无法支付分包款的情况。

（4）总承包商应该根据第十三条支付的分包款，有 2 次以上未支付给分包商的情况。

（5）除此之外，总承包商根据第 1 款到第 4 款规定无法支付等，因总统令规定的事由无法支付分包款的情况。

5. 总承包商根据第 3 项交付支付保证书时，可对其工程期间委托建设的所有工程的工程款支付担保或一个会计年度内委托建设的所有工程的工程款依据支付保证书的交付进行。（修订 2013.8.13；2014.5.28）

6. 除第 1 项到第 5 项的规定之外，分包合同履行保证及分包款的支付保证所需事项依据总统令规定。（修订 2013.8.13；2014.5.28)

7. 总承包商未按照第 1 项主条款或第 2 项主条款进行工程款支付担保的，分包商可以不保证合同的履行。（修订 2013.8.13；,2014.5.28)

8. 总承包商根据第 1 项要求分包商履行合同时，总承包商只有在按照第 1 项或第 2 项的内容，保证了工程款支付后，才能要求分包商履行合同。但是，根据第 1 项或第 2 项规定，不要求对工程款进行担保的除外。(新设 2014.5.28)[专门修订 2009.4.1]

第十四条【转包款的直接支付】

1. 符合下列情形的，发包人要将转包商制造、修理、施工或提供服务的部分相应的转包款直接支付给转包商。（修订 2014.5.28）

（1）总包商由于停止支付、破产及与此相似的事由或经营相关的许可、认可、执照、登记等取消，总包商无法支付转包款的情况下，转包商要求直接支付转包款的。

（2）发包人、总包商及转包商之间达成发包人直接支付转包款给转包商协议的。

（3）根据第十三条第1项或第3项，总包商应支付的转包款两次以上未支付给转包商的情况下，受托要求直接支付转包款的。

（4）根据第十三条之二第1项或第2项，总包商不履行转包款支付保证义务的情况下，转包商要求直接支付转包款的。

2. 如发生第1项事由，发包人对总包商的货款应付债务和总包商对转包商的转包款应付债务在其范围内视为废止。

3. 总包商给发包人提供可以证明与转包合同相关的转包商酬劳、原材料货款等延迟支付事实的文件，要求停止直接支付时，发包人可以不考虑第1项，不直接支付其转包款。

4. 根据第1项，发包人直接向转包商支付转包款时，可扣除发包人已向总包商支付的金额后再支付转包款。

5. 根据第1项，转包商为了直接向发包人收取转包款而需要对既成部分进行确认等时，总包商应立即履行必要的措施。

6. 根据第1项直接支付转包款时，支付方法及程序等必要事项依据总统令的规定。

[专门修订 2009.4.1]

第十五条【关税等退税额的支付】

1. 总包商将要出口的物品向转包商委托制造或委托服务的，依据《出口用原材料关税等退税相关特例法》退税时，从退税之日起15日内将退税金额支付给转包商。

2. 与第1项无关，没有归咎于转包商的事由，则从领取标的物等60日内将关税等退税金额支付给转包商。

3. 总包商将关税等退税金额在第1项和第2项规定期限之后支付的，对其超过期限部分在年利率40%以内，依据《银行法》中银行适用的逾期利率

等情况，根据公正交易委员会规定告知的利率支付利息。（修订2010.5.17）

[专门修订2009.4.1]

第十六条【针对设计变更等的转包款调解】

1. 总包商进行制造等的委托后，属于下列各项情形时，应根据其得到发包人的合约金额增额的内容和比例进行转包款的增额。总包商得到发包人合约金额减额时，可以根据其内容和比例进行转包款的减额。（修订2010.1.25）

（1）因设计变更或经济状况变动等事由，合约金额增额。

（2）因设计变更或经济状况变动等事由，相关标的物的完成或结束时追加费用等。

2. 根据第1项进行转包款增额或减额时，总包商应从得到发包人合约金额的增额或减额之日起15日内，将其得到增减额的事由和内容通知有关转包商。发包人将其事由和内容直接通知有关转包商的除外。（新设2010.1.25）

3. 遵行第1项转包款的增额或减额，应在总包商得到发包人合约金额的增额或减额之日起30日内进行。（修订2010.1.25）

4. 关于总包商根据第1项的合约金额增额从发包人那里得到追加金额支付之日起15日后支付追加转包款的，其利息遵行第十三条第8项；利用期票支付追加转包款的情况下，有关期票的折扣率、手续费遵行第十三条第6项、第7项、第9项及第10项。在此情况下，"自受领标的物等起60日"视为"自接收追加金额起15日"。（修订2010.1.25）

[专门修订2009.4.1]

第十六条之二【针对原材料价格变动的转包款的调解】

1. 转包商受到制造等委托后，因有关的标的物等制作的原材料的价格变动而不得不调解价格的情况下，可向总包商申请转包款的调解。

2. 因原材料价格的急剧变动而不得不对作为协调原因的转包商的转包款进行调解时，依照《中小企业协同组合法》第三条第1项或第2项的中小企业协同组合（以下简称"组合"），可根据有关转包商的申请，与总统令所决定的总包商进行有关转包款调解的协议。但是，总包商和转包商属于同一

组合内的组合员的情况除外。（修订 2013.5.28）

3. 依照第 2 项收到申请的组合，应自收到申请之日起 7 日内与总包商进行有关转包款调解的协议。（修订 2013.5.28）

4. 依照第 1 项申请转包款调解的转包商，申请有关第 2 项协议时将第 1 项的申请看作为被中断；依照第 1 项或第 3 项的调解协议完成的情况下，转包商或组合若没有新的事项变更时，不得因同一事由申请第 1 项或第 3 项的转包款调解。（修订 2013.5.28）

5. 根据第 2 项收到申请的组合，不得有决议中断交货等不当的方法限制竞争或因不当手段限制经营者的事业内容或活动的行为。（修订 2013.5.28）

6. 针对第 2 项的不得已的事由，有关转包商的申请及组合的协议权限行使的要求、程序、方法等必要事项，根据总统令决定。（新设 2013.5.28）

7. 总包商应自第 1 项或第 3 项申请之日起 10 日内，与申请调解的转包商或组合进行有关转包款调解的协议，不得无故拒绝协议或延误。（新设 2013.5.28）

8. 属于下列各项情况之一时，总包商或转包商（依照第 3 项的调解协议的情况包括组合，以下本条相同）可以依照第二十四条向转包纠纷调解协议委员会申请调解。但是，依照第 3 项的组合不能向《中小企业协同组合法》设立于中小企业中央委员会的转包纠纷调解协议委员会申请调解。（新设 2013.5.28）

（1）自第 1 项或第 3 项申请之日起 10 天后，总包商没有进行有关调解转包款协议的情况。

（2）自第 1 项或第 3 项申请之日起 30 日内，没有达成有关转包款调解协议的。

（3）根据第 1 项或第 3 项申请达成协议后，总包商或转包商表明中断协议的意愿等，能明确预计无法用总统令决定的事由的。

[本条新设 2009.4.1]

第十七条【禁止不当的支付代替品】

1. 总包商不得违背转包商的意愿用代替品支付转包款。（修订 2013.8.13）

2. 若不违背转包商的意愿，总包商用代替品支付之前，应提供代用品所有权、担保提供等能确认物品的权利义务关系的资料。(新设 2013.8.13)

3. 根据代替品的物品种类所需提供的资料、资料提供的方法及程序等之外必要的事项，由总统令决定。(新设 2013.8.13)

[专门修订 2009.4.1]

第十八条【不恰当经营干涉的禁止】

总包商不得利用调解转包交易量等方法干涉转包商的经营。

[专门修订 2009.4.1]

第十九条【报复措施的禁止】

总包商不得因转包商或其他组合有属于下列各项行为之一为由，对转包商接受订单的机会进行限制、终止交易，或做出其他对其不利的行为。(修订 2011.3.29;2013.5.28;2015.7.24)

（1）向有关机构举报总包商有违反本法行为。

（2）针对第十六条之二第 1 项或者第 2 项，向总包商提出了转包款的调解申请，或针对同条第 8 项向转包纠纷调解协议委员会提出了调解申请。

（3）为了转包交易的书面实态调查，根据第二十二条之二第 2 项提交公平贸易委员会所要求材料的。

[专门修订 2009.4.1]

第二十条【脱法行为的禁止】

关于转包交易（包含适用于第十三条第 11 项的交易），总包商不得使用迂回的方法回避本法的执行。（修订 2015.7.24)

[专门修订 2009.4.1]

第二十一条【转包商的遵守事项】

1. 转包商受到总包商制造等委托，应依照信义诚实履行其受委托内容。

2. 转包商不能协助总包商违反本法的行为。

3. 转包商举报总包商的不法行为时，转包商应向公平贸易委员会提交证据材料，不能延误。

［专门修订 2009.4.1］

第二十二条【违法行为的举报等】

1. 认为有违反本法的事实时，任何人都可将其事实举报到公平贸易委员会。

2. 有关于第 1 项内容的举报或认定有违反本法的事实时，公平贸易委员会可就此开展必要的调查。

3. 公平贸易委员会接到转包商有关总承包商违法行为的举报，由公平贸易委员会将其事实通知到总包商时，视为已进行《民法》第一百七十四条的催告。但举报的事实被撤销、驳回、放弃的情况除外。

4. 超过下列各项规定期限的情况下，公平贸易委员会不得根据第二十五条采取修正措施，也不得根据第二十五条之三处以罚款。但是，根据法院判决取消修正措施或取消罚款，公平贸易委员会依据判决事由进行新处分的情况除外。（新设 2015.7.24）

（1）公平贸易委员会对违反本法的行为收到有关第 1 项的举报，根据第 2 项开展调查的情况，自举报日起 3 年。

（2）作为第 1 项以外的情况，公平贸易委员会根据第 2 项对违反本法的违法行为开展调查的情况，自开展调查之日起 3 年。

5. 对举报或举报违反本法第四条，第八条的第 1 项，第十条，第十一条的第 1 项、第 2 项或第二条之三第 3 项行为，并能够提交证明该违法行为的证据者，公平贸易委员会可在预算范围内对其发放奖金。（新设 2015.7.24）

6. 根据第 5 项所定的有关发放奖金者的范围及奖金发放的标准、程序等必要事项，依据总统令确定。（新设 2015.7.24）

7. 根据第 5 项发放奖金后若发现有下列情形的，公平贸易委员会应通知奖金的获得者返还奖金，有关奖金获得者应在得到通知之日起 30 日内返还所得奖金。（新设 2015.7.24）

（1）通过违法或不正当方法收集证据、虚假举报、虚假陈述、伪造证据等不当方法得到奖金。

（2）因相同原因根据其他法令得到奖金的。

（3）因其他事由，误发放奖金的。

8. 根据第7项，若返还奖金者没有在规定期限内返还奖金，公平贸易委员会可根据国税滞纳处分条例对其进行征收滞纳金。（新设2015.7.24）

[专门修订2009.4.1]

第二十二条之二【转包交易书面实态调查】

1. 为确立公平的转包交易秩序，公平贸易委员会应通过实施书面调查披露其调查结果。（修订2011.3.29）

2. 公平贸易委员会若根据第1项实施书面实态调查，应对调查对象的范围、调查期限、调查内容、调查方法及调查程序、调查结果披露范围等制订计划，也可要求调查对象提供有关转包实态等调查的必要材料。（修订2011.3.29）

3. 要求调查对象提交材料的，公平贸易委员会应根据第2项内容，向调查对象明示材料的范围和内容、要求事由、提交期限等，并以书面形式予以通知。

[本条新设2010.1.25]

第二十三条【调查对象交易的限制】

1. 根据第二十二条第2项成为公平贸易委员会调查对象的转包交易（包括适用于第十三条第11项的交易，以下在本条相同），限定为其交易结束后未满3年的交易。但是对于交易结束之日起3年内被举报或根据第二十四条之四第1项第1款和第2款被纠纷当事者请求过纠纷调解的转包交易，即使交易结束日期超过3年，也可进行调查。（修订2010.1.25；2015.7.24）

2. 第1项所指的"交易结束日期"，在委托制造、委托修理、劳务委托中属于知识、信息成果委托的情况下，指的是受给委托者向总包商交货的日期；在劳务委托中属于区域供应委托的情况下，指的是总包商完成向转包商委托的区域供应日期；建设委托的情况下，指的是转包商完成总包商所委托之施工的日期。但是，转包交易中途被解除或终止的情况下，指的是被终止的日期。

（新设 2010.1.25）

[专门修订 2009.4.1]

第二十四条【转包纠纷调解协会的设置及构成等】

1. 根据《有关垄断规制及公平交易的法律》第四十八条之二内容的韩国公平贸易调解院（以下简称"调解院"）应设置转包纠纷调解协会（以下简称"协会"）。（修订 2011.3.29；2015.7.24）

2. 经营者团体可通过公平贸易委员会承认后设置协会。（新设 2015.7.24）

3. 调解院所设置的协会，由包括 1 名委员长的 9 名以内的委员构成。其中代表公益的委员、代表总包商的委员和代表转包商的委员的人数应相同。设置在经营者团体的协会委员数量，应由协会得到公平贸易委员会承认后决定。（修订 2015.7.24）

4. 调解院设置的协会的委员长由协会从代表公益的委员中选出，在经营者团体中设立的协会的委员长由协会从委员中选出。在协会中被选任的委员长代表协会。（修订 2015.7.24）

5. 设置在调解院的协会委员任期为 2 年，设置在经营者团体的协会委员任期由协会得到公平贸易委员会承认后决定。（修订 2015.7.24）

6. 设置在调解院的协会委员，由调解院长推荐和公平贸易委员会委员长委任的下列各项之一者担任。（新设 2011.3.29；2015.7.24）

（1）在大学专修法律学、经济学或经营学者，依照《高等教育法》第二条第 1 项、第 2 项或第 5 项在学校或公认的研究机构担任（过）副教授以上的职位或相关等级职位者。

（2）担任过法官、检察官一职者或有律师资格者。

（3）拥有相关禁止垄断及公平贸易业务经验并担任（过）4 级以上公务员（包括属于高位公务员团体的一般职务公务员）职位者。

7. 设置在经营者团体的协会委员由设置协会的各个经营者团体议长委任，但事先须向公平贸易委员会报告。若两个或两个以上经营者团体共同设置协会的，由相关经营者团体议长共同委任协会委员。（修订 2011.3.29；

2015.7.24）

8. 代表公益的委员应从拥有有关转包交易的丰富知识和经验者中委任。但从事属于纠纷调解对象业务者或属于相关业务的事业体领导和员工，不能成为担任代表公益的委员。（修订 2011.3.29；2015.7.24）

9. 从事属于纠纷调解对象业务者或属于相关业务的事业体领导和员工，被委任担任代表公益的委员时，公平贸易会员会委员长应立即对其解任。（修订 2011.3.29；2015.7.24）

10. 国家可在协会运营所需经费的全部或部分预算范围内，对其进行补助。（新设 2014.5.28；2015.7.24）

[专门修订 2010.1.25]

[题目修订 2014.5.28]

第二十四条之二【委员的驱逐、忌避、回避】

1. 符合下列各项中任意情况的委员，应从该调解事项中驱逐。

（1）相关调解事项的纠纷当事者是委员或其配偶（前任配偶），或是相关共同管理者或义务者的情况。

（2）委员与相关调解事项的纠纷当事者有（有过）亲属关系的。

（3）委员或委员所属的法人，担任纠纷当事者的法律、经营等咨询顾问角色的。

（4）委员或委员所属的法人，针对该调解事项作为纠纷当事者的代理人进行干涉（干涉过）或进行证词或鉴定的。

2. 有不得已的事由无法应邀协会委员调解公证的情况下，纠纷当事者可向协会申请对该委员的忌避。

3. 属于第1项或第2项事由时，委员可自行回避相关调解事项的调解。

[本条新设 2010.1.25]

第二十四条之三【协会会议】

1. 委员长召集协会会议，并担任会议议长。

2. 会议由半数以上在籍委员出席确定开议，由半数以上的出席委员赞成来确定决议。

3. 调解院设立的协会委员长，因不得已的事由无法履行其职务时，由委员长在代表公益的委员中指定委员代替其职务。（修订 2015.7.24）

[本条新设 2010.1.25]

第二十四条之四【纠纷的调解等】

1. 协会对公平贸易委员会或属于下列之一的纠纷当事者请求的总包商和转包商之间的转包交易纠纷进行事实确认或调解。但是，纠纷当事者各自向不同的协会提出纠纷调解请求的情况下，应根据转包商或依照第3款的其他组合所请求的协会承担纠纷调解。（修订 2011.3.29；2013.5.28）

（1）总包商。

（2）转包商。

（3）遵行第十六条之二第8项的组合。

2. 协会得到纠纷当事者有关纠纷调解的请求时，应立即将其内容报告给公平贸易委员会。

3. 协会在调解达成协议的情况下，应让纠纷当事者填写调解书并签字或签名盖章，将其调解结果附上调解书复印件向公平贸易委员会报告。

4. 协会在收到调解请求之日起60日内，没有成立调解的情况下，应附上调解过程相关文件向公平贸易委员会报告。

5. 为了进行调解，协会可在必要的情况下，在确认有关纠纷事实的范围内进行调查或要求纠纷当事者提交材料及出席，纠纷当事者可参与协会的会议，陈述其意见并提交材料。

6. 根据第2项内容得到报告的情况下，直至有关纠纷的调解程序结束为止，公平贸易委员会不能对相关纠纷当事者的总包商进行有关第二十五条第1项内容的劝告或命令。但是，公平贸易委员会根据第二十二条第2项内容已经进行调查中的内容除外。

[本条新设 2010.1.25]

第二十四条之五【调解书的填写和效力】

1. 协会在针对调解事项已成立调解的情况下，参加调解的委员和纠纷当事者填写调解书并签字或签名盖章。在此情况下，视为纠纷当事者之间已经达成了与调解书相同内容的协议。

2. 在纠纷当事者开始调解措施之前要求自行和解和填写调解书的情况下，协会可以为其出具调解书。

[本条新设 2010.1.25]

第二十四条之六【协会的操作细则】

除本法所规定的事项外，有关协会的操作和组织等必要事项，应得到公平贸易委员会的认可后，通过协会决定。

[本条新设 2010.1.25]

第二十五条【修正措施】

1. 公平贸易委员会有权对违反第三条第1项至第4项及第9项、第三条之四、第四条至第十二条、第十二条之二、第十二条之三、第十三条、第十三条之二、第十四条至第十六条、第十六条之二第7项及第十七条至第二十条规定的总包商采取劝说或命令转包款等的支付、终止违反本法的行为、删除或修正特约、防止今后再犯、以及其他有必要的修正措施。（修订 2010.1.25；2011.3.29；2013.5.28；2013.8.13）

2. 根据第二十四条之四第1项已经存在协会调解的情况下若无特殊事由，将根据协会调解的内容看作公平贸易委员会已经依照第1项的内容进行有关修正的必要措施。（修订 2010.1.25）

3. 公平贸易委员会根据第1项内容下达修正命令（根据第2项进行修正命令的除外，以下均同此项说明）时，对接到修正命令的总包商可公布其已接到修正命令。

[专门修订 2009.4.1]

第二十五条之二【供托】

第二十五条第 1 项或者第 2 项所述已接受修正措施的总包商,若转包商不接受总包商还款或总包商无法还款时,可为转包商供托还款的标的物,供总包商免执行修正措施履行义务。总包商无过失且不知转包商时亦同。

[专门修订 2009.4.1]

第二十五条之三【罚款】

1. 公平贸易委员会可对符合下列任意一项的发包人、总包商、转包商征收罚款。其罚款范围不超过委托于转包商制造的转包款或受托于发包人、总包商的转包款的 2 倍。(修订 2010.1.25;2011.3.29;2013.5.28;2013.8.13)

(1)违反第三条第 1 项至第 4 项规定的总包商。

(2)违反第三条第 9 项规定而没有保存文件者或伪造填写、发放有关转包交易文件的总包商或转包商。

(3)违反第三条之四、第四条至第十二条、第十二条之二、第十二条之三、第十三条及之二规定的总包商。

(4)违反第十四条第 1 项的发包人。

(5)违反第十四条第 5 项的总包商。

(6)违反第十五条、第十六条、第十六条之二第 7 项及第十七条至第二十条规定的总包商。

2. 有关第 1 项的罚款遵行《有关垄断规制及公平交易的法律》第五十五条之三至第五十五条之七中的规定。

[专门修订 2009.4.1]

第二十五条之四【违反经营者惯犯名单披露】

1. 即使有了遵行第二十七条第 3 项(《有关垄断规制及公平交易的法律》第六十二条),公平贸易委员会委员长应对先前年度至过去 3 年间因违反本法受到来自公平贸易委员会的警告或受到 3 次以上第二十五条中的修正措施的经营者中,遵行第二十六条第 2 项的扣分超过总统令所定标准的经营者(以下在本条中简称"违反经营者惯犯")的名单披露。正在进行异议申请等不服程序的经营者除外。

2. 公平贸易委员会委员长在第 1 项提示的异地申请等不服程序终止的情况下，应公布符合下列各项者的名单。

（1）没有被取消警告或修正措施者。

（2）没有不服于警告或者修正措施，并属于违反经营者惯犯。

3. 为审议遵行第 1 项及第 2 项的违反经营者惯犯名单的披露与否，在公平贸易委员会设立违反经营者惯犯名单披露审议委员会（以下在本条中简称"审议委员会"）。

4. 公平贸易委员会应通知通过审议委员会审议的披露对象的经营者为违反经营者惯犯名单披露对象者，并给予消名机会。自通知日起 1 个月后，审议委员会对名单披露与否进行再审议，确定披露对象者。

5. 根据第 1 项及第 2 项的披露，按照记载于官报或公示于公平贸易委员会官网的方法进行。

6. 此外，有关违反经营者惯犯名单披露的事项由总统令决定。

[本条新设 2010.1.25]

第二十六条【相关行政机构的长官协助】

1. 为施行本法，公平贸易委员会认为必要时，应听取相关行政机构长官的意见，或向相关行政机构长官请求有关调查人员支援或其他必要的协助。

2. 公平贸易委员会对违反第三条第 1 项到第 4 项以及第 9 项、第三条之四、第四条至第十二条、第十二条之二、第十二条之三、第十三条、第十三条之二、第十四条至第十六条、第十六条之二第 7 项及第十七条至第二十条规定的总包商或转包商，根据其违法及受害程度扣除总统令定的分数，若其扣分超过总统令所定标准时，限制相关行政机构长官的投标审查资格，并根据《建设产业基本法》第八十二条第 1 项第 7 项内容给予停止营业，还应实施必要措施以保证转包交易的公平性。（修订 2010.1.25；2011.3.29；2011.5.24；2013.5.28；2013.8.13）

[专门修订 2009.4.1]

第二十七条【遵守《有关垄断规制及公平交易法》】

1. 根据本法的公平贸易委员会的审议、决议，要遵行《有关垄断规制及公平交易法》第四十二条、第四十三条、第四十三条之二、第四十四条、第四十五条及第五十二条；关于本法的公平贸易委员会处分的异议申请、提出诉讼及不服从诉讼的专属管辖等遵行同法第五十三条、第五十三条之二、第五十三条之三、第五十四条、第五十五条及第五十五条之二。

2. 为了施行本法所必要的公平贸易委员会的调查，听取意见及修改劝诫等遵行《有关垄断规制及公平交易法》第五十条、第五十条之二、第五十条之三及第五十一条。

3. 下列人士应遵行《有关垄断规制及公平交易法》第六十二条。

（1）从事或从事过本法所遵行的公平贸易委员会的委员或公务员。

（2）在协会担当或担当过有关转包交易纠纷调解业务者。

[专门修订 2009.4.1]

第二十八条【与《有关垄断规制及公平交易法》的关系】

关于转包交易中适用本法的事项，不适用《有关垄断规制及公平交易法》第二十三条第 1 项、第 4 项。

[专门修订 2009.4.1]

第二十九条【处罚】

违反第二十七条第 3 项遵行《有关垄断规制及公平交易法》第六十二条者，处 2 年以下有期徒刑或 1000 万元以下罚款。（修订 2013.5.28）

[专门修订 2009.4.1]

第三十条【处罚】

1. 属于下列之一者，总包商应向转包商提供相当于委托制造的转包款 2 倍以下的金额作为罚款。（修订 2010.1.25；2011.3.29；2013.5.28；2013.8.13；2014.5.28）

（1）违反第三条第 1 项至第 4 项及第 9 项、第三条之四、第四条至第十二条、

第十二条之二、第十二条之三及第十三条的人。

（2）违反第十三条之二第1项或第2项，没有保证支付施工款项者。

（3）违反第十五条，第十六条第1项、第3项、第4项及第十七条者。

（4）违反第十六条之二第7项，并无正当事由拒绝协商者。

2. 属于下列第1项者处以3亿元以下、属于第2项及第3项者予以1亿5000万元以下的罚款。（修订2013.5.28）

（1）违反第十九条，其行为带来不益结果者。

（2）违反第十八条及第二十条者。

（3）不遵行第二十五条命令者。

3. 根据第二十七条第2项遵行的《有关垄断规制及公平交易法》第五十条第1项、第2项鉴定为伪者，处以3000万元以下的罚款。

[专门修订2009.4.1]

第三十条之二【罚款】

1. 对符合下述任意一项的经营者或经营者团体，处以1亿元以下的罚款；对符合下述任意一项的经营者或经营者团体的领导、服务员和其外的利益关系人，处以1000万元以下的罚款。（修订2010.1.25）

（1）违反根据第二十七条第2项遵行的《有关垄断规制及公平交易法》第五十条第1项，并无故缺席者。

（2）没有提交根据第二十七条第2项遵行的《有关垄断规制及公平交易法》第五十条第1项第3项或同条第3项中所提及的资料和物品者。

（3）删除。（2010.1.25）

2. 拒绝、妨碍、回避根据第二十七条第2项遵行的《有关垄断规制及公平交易法》第五十条第2项调查者，对其中的经营者或经营者团体处以2亿元以下的罚款，对其中的经营者或经营者团体的领导、服务员和其外的利益关系人，处以5000万元以下的罚款。（新设2010.1.25）

3. 对没有提交或伪造提交有关第二十二条之二第2项材料的总包商，处以500万元以下的罚款。（新设2010.1.25）

4. 对不遵守根据第二十七条第1项遵行的《有关垄断规制及公平交易

法》第四十三条之二中秩序维持命令者，处以100万元以下的罚款。（修订2010.1.25）

5. 根据第1项至第4项所规定的罚款，由公平贸易委员会征收。（修订2010.1.25）

[专门修订 2009.4.1]

第三十一条【惩罚规定】

法人的代表者、法人或个人代理人、使用人，其他的从业人员，在法人或者个人业务方面，违反第三十条时，除了处罚其行为者外，其法人或者个人也受所属条文的刑罚。但法人或者个人为防止违法行为，对该业务履行了监督义务的除外。

[专门修订 2009.4.1]

第三十二条【举报】

1. 第三十条涉及的违法行为只有在有公平贸易委员会举报的情况下才能提起公诉。（修订2011.3.29）

2. 第三十条的罪中违法程度在客观上明确且重大，认定为显著影响转包交易秩序的情况下，公平贸易委员会应向检查总长举报。（新设2011.3.29）

3. 检查总长可以根据适用于第2项举报的事实向公平贸易委员会通报，请求举报。（新设2011.3.29）

4. 即使公平贸易委员会认为不符合第2项的举报条件，监事院长、中小企业厅长也可根据社会波及效果、转包商所受损害程度等其他事由，向公平贸易委员会请求举报。（新设2013.7.16）

5. 根据第3项或第4项有举报请求时，公平贸易委员会委员长应向检查总长举报。（新设2013.7.16）

6. 公诉一旦被提起后，公平贸易委员会不能撤销举报。（新设2011.3.29；2013.7.16）

[专门修订 2009.4.1]

第三十三条【过失赔偿】

总包商违反本法行为的责任在转包商的,考虑依照本法的修订措施投诉或适用处罚。

[专门修订 2009.4.1]

第三十四条【与其他法律的关系】

《促进大中小企业合作法》《电气施工业法》《建设产业基本法》《信息通讯施工业法》与本法不一致时依照本法。

[专门修订 2009.4.1]

第三十五条【赔偿损失责任】

1. 总包商违反本法规定而导致有人损失时,应向对方赔偿损失。但是,能证明总包商并非故意或无过失的情况下除外。(修订 2013.5.28)

2. 总包商违反第四条、第八条第 1 项、第十条,第十一条第 1 项、第 2 项及第十二条的第 3 项而导致有人损失时,应向对方赔偿不高于损失额 3 倍的金额作为赔偿责任。但是,能证明总包商并非故意或无过失的情况下除外。(修订 2013.5.28)

3. 法院规定第 2 项的赔偿金额时应考虑以下因素。(新设 2013.5.28)

(1)认识故意或发生损失忧虑的程度。

(2)因违法行为转包商和其他人所受损规模大小。

(3)因违法行为总包商所取得的经济利益。

(4)违法行为所致的罚金及罚款。

(5)违反行为的时间期限、次数等。

(6)总包商的财产状况。

(7)总包商对损失补救的努力程度。

4. 根据第 1 项或第 2 项,提及赔偿损失请求的情况时遵行《有关垄断规制及公平交易法》第五十六条之二及第五十七条。(修订 2013.5.28)

[本条新设 2011.3.29]

附则（法律第 3779 项，1984.12.31）

本法自颁布后的第 3 个月起开始施行。

附则（法律第 4198 项，1990.1.13）（有关垄断规制及公平交易法）

第一条（施行日）本法自 1990 年 4 月 1 日起施行。

第二条至第四条省略。

第五条（其他法律的修订）

①如下修订有关转包交易公平法。

删除第二十五条第 3 项。

将第二十七条第 1 项中"第三十二条至第三十五条"改为"第四十二条至第四十五条及第五十二条"，"第四十二条至第四十四条"改为"第五十三条至第五十五条"，同条第 2 项中"第五十条"改为"第六十二条"。

将第二十八条中"第十五条第 4 项"改为"第二十三条第 4 项"。

删除第三十二条第 2 项。

第二十一条第 3 项、第二十二条第 1 项、第二十四条第 3 项中"经济企划院长官"更改为"公平贸易委员会"，第二十二条第 2 项、第二十三条第 1 项、第二十五条第 1 项、第二十六条中"经济企划院长官"更改为"公平贸易委员会"，第二十四条第 2 项、第二十五条第 2 项及第 4 项中"经济企划院长官"更改为"公平贸易委员会"，第二十七条、第三十二条第 1 项中"经济企划院长官"更改为"公平贸易委员会"。

②及③省略。

附则（法律第 4419 项，1991.12.14）（消防法）

第一条（施行日）本法自 1992 年 7 月 1 日起施行。（省略提示）

第二条至第六条省略

第七条（其他法律的修订）

①如下修订有关转包交易公平法内容。

第二条第 2 项、第 3 项类目及同条第 7 项中"消防法第四十二条之二第 1 项、第 2 项"更改为"消防法第五十二条第 1 项之一、第 2 项。"

②至⑧省略。

第八条省略。

附则（法律第4514项，1992.12.8）

①（施行日）本法自1993年4月1日起施行。

②（经过措施）关于本法施行之时已经签署的转包交易合约，不适用第六条、第七条、第十三条以及第十五条的修订规定。

③（其他法律的修订）如下修订中小企业系列化促进法。

第十三条之二中"经济企划院长官"更改为"公平贸易委员会"，"《有关垄断规制及公平交易法》第十五条第4项的不公平交易行为"更改为"关于转包交易公平性的法律第三条至第十三条，及第十五条至第二十条的行为"，"同法第十六条的规定"更改为"同法第二十五条的规定"。

附则（法律第4860项，1995.1.5）

①（施行日）本法自1995年4月1日起施行。

②（经过措施）即使有了第二条、第十三条第4项及第十六条第2项的修订规定，关于本法施行之时已经签署的转包交易合同依据之前的规定进行。

附则（法律第4898项，1995.1.5）（有关中小企业事业领域保护及企业间合作增进的法律）

第一条（施行日）本法自1995年7月1日起施行。

第二条至第九条省略。

第十条（其他法律的修订）

①省略。

②如下修订有关转包交易公平法。

第三十四条中的"中小企业系列化促进法"更名为"有关中小企业事业领域保护及企业间合作增进的法律"

③省略。

第十一条省略。

附则（法律第 5234 项，1996.12.30）

①（施行日）本法自 1997 年 4 月 1 日起施行。

②（有关已经签署转包合同的转包交易经过措施）即使有了第十三条之二（建设转包合同履行及款项给予保证）及第二十五条之三（罚款）的修订规定，对于本法施行之时已经签署的转包合同依据之前的规定进行。

附则（法律第 5386 项，1997.8.28）（信息通信施工业法）

第一条（施行日）

本法自 1998 年 1 月 1 日起施行。

第二条至第六条省略。

第七条（其他法律的修订）

①至④省略。

⑤如下修订有关转包交易公平法的内容。

第二条之九第 3 项中的"电气通讯施工业法"更改为"信息通讯施工业法"。

第三十四条中"电气通讯施工业法"更改为"信息通讯施工业法"。

第八条省略。

附则（法律第 5454 项，1997.12.13）（根据政府部门名称等变更而行的有关建筑法等整顿的法律）

本法自 1998 年 1 月 1 日起施行。

附则（法律第 5507 项，1998.1.13）（废除利息限制法法律）

第一条（施行日）

本法自颁布之日起施行。

第二条（其他法律的修订）

①至④省略。

⑤如下修订有关转包交易合同法的内容。

第六条第 2 项及第十五条第 3 项中"利息限制法所定的最高利率"更改为"由公平贸易委员会制定并告示的利率"，删除第十一条第 3 项及第十三条第 5 项中"在利息限制法所定的最高利率范围内"。

附则（法律第 5756 项，1999.2.5）（消防法）

第一条（施行日）

本法自颁布之日第 6 个月起开始实施。

第二条至第六条省略。

第七条（其他法律的修订）

①至③省略。

④如下修订有关转包交易公平法中的第二条之九第 4 项的内容。

（4）根据《消防法》第五十二条（消防设施施工业的登记等）第 1 项的规定进行消防设施施工业登记者。

附则（法律第 5816 项，1999.2.5）

①（施行日）本法自 1994 年 4 月 1 日起施行。

②（关于已经签署的转包合同的经过措施）即使有了第十三条的修订规定，对于本法施行之时已经签署的转包交易适用先前的规定。

附则（法律第 6198 项，2000.1.21）（软件开发促进法）

第一条（施行日）

本法自颁布后的第 6 个月起施行。

第二条至第五条省略。

第六条（其他法律的修订）

如下修订有关转包交易公平法的内容。

第二条之六第 1 项中"关于软件开发促进法第二条（定义）第 4 项规定的软件事业"更改为"关于软件产业振兴法第二条（定义）第 3 项规定的软件事业"。

第七条省略。

附则（法律第 6893 条，2003.5.29）（消防基本法）

第一条（施行日）

本法自颁布后的第 1 年起施行。

第二条至第四条省略。

第五条（其他法律的修订）

① 至 ㉑ 省略。

㉒ 如下修订有关转包交易公平法内容。

第二条第 9 项第 4 项中"消防法第五十二条（消防设施施工业的登记等）第 1 项"更改为"消防设施施工业法第四条第 1 项"。

㉓ 省略。

第六条省略。

附则（法律第 7107 项，2004.1.20）

a）（施行日）本法自颁布后的第 3 个月起施行。

b）（关于处罚的适用例）第三十条之一第 3 项的第 2 点修订内容自本法施行后最初签署的转包合同起开始适用。

附则（法律第 7315 项，2004.12.31）（有关垄断规制及转包交易公平性的法律）

第一条（施行日）

本法自 2005 年 4 月 1 日起施行。

第二条至第九条省略。

第十条（其他法律的修订）

①省略。

③如下修订转包交易公平性的法律。

第二十五条之三的第 2 项中"第五十五条之三（征收罚款）至第五十五条之五（征收罚款及滞纳处分）"更改为"第五十五条之三（征收罚款）至第五十五条之六（征收罚款及滞纳处分）"。

③至⑤省略。

附则（法律第 7488 项，2005.3.31）

①（施行日）本法自颁布后的第 3 个月起施行。

②（有关劳务委托的转包交易的法律）第二条第 1 项及第 11 项的修订规定自本法施行后的最初的劳务委托转包交易合同所签署的转包交易起开始适用。

③（有关罚款的返还滞纳金的适用例）第二十五条之三第 2 项的修订规定自本法实施后最初返还的罚款起开始适用。

（有关已经签署转包合同的转包交易的经过措施）即使有了第二条第 1 项，第 11 项，第十二条之二及第十三条之二第 5 项的修订规定，对于本法施行之时已经签署的转包交易依照先前的规定。

附则（法律第 7864 项，2006.3.3）（促进大中小企业合作法）

第一条（施行日）

本法自颁布后的第 3 个月起施行。

第二条至第十条省略。

第十一条（其他法律的修订）

①及②省略。

③如下修订有关转包交易公平性的法律。

第三十四条中的《有关中小企业的事业领域保护及企业间协作增进的法律》更改为《促进大中小企业合作法》。

④至⑥省略。

附则（法律第 8539 项，2007.7.19）

本法自颁布后的第 3 个月起开始施行。

附则（法律第 9085 项，2008.3.28）

本法自颁布后的第 6 个月起开始施行。

附则（法律第 9616 项，2009.4.1）

本法自颁布之日起开始施行。

附则（法律第 9971 项，2010.1.25）

①（施行日）本法自颁布后的第 6 个月起开始施行。

②（有关书面发放及委托内容确认邀请等的适用例）第三条中的修订规定自本法施行后最初进行的制造等委托起开始适用。

附则（法律第 10250 项，2010.4.12）（工程产业振兴法）

第一条（施行日）

本法自颁布后的第 6 个月起开始施行。

第二条至第七条省略。

第八条（其他法律的修订）

① 至 ⑪ 省略。

⑫ 如下修订有关转包交易公平性的法律。

第二条之十二第 3 项及同条之十三第 1 项中"《工程技术振兴法》"更改为"《工程产业振兴法》"。

⑬ 及 ⑭ 省略。

第九条省略。

附则（法律第 10303 项，2010.5.17）（银行法）

第一条（施行日）

本法自颁布后的第 6 个月起开始施行。

第二条至第八条省略。

第九条（其他法律的修订）

①至⑯省略。

⑰如下修订有关转包交易公平性的法律。

第六条第 2 项，第十一条第 3 项，第十三条第 8 项，第十三条之二第 2 项及第十五条第 3 项中"金融机构"更改为"银行"。

⑱至㊆省略。

第十条省略

附则（法律第10475项，2011.3.29）

①（施行日）本法自颁布后的第3个月起开始施行。

②（根据定义变更的适用例）第二条第2项的修订规定自本法施行后最初签署的转包交易合约开始适用。

附则（法律第10719项，2011.5.24）（建设产业基本法）

第一条（施行日）

本法自颁布后的第6个月起开始施行。

第二条至第五条省略。

第六条（其他法律的修订）

①至⑧省略。

⑨如下修订转包交易公平性的法律。

将第二条之九第1项中"《建设产业基本法》第二条第5项"更改为"《建设产业基本法》第二条第7项"；第二十六条第2项中"《建设产业基本法》第82条之一第6项"更改为《建设产业基本法》"第82条之一第7项"。

附则（法律第11461项，2012.6.1）（电子文件及电子交易基本法）

第一条（施行日）

本法自颁布后的第3个月起开始施行。

第二条至第九条省略。

第十条（其他法律的修订）

①至㉓省略。

㉔如下更改有关转包交易公平性的法律。

第三条第1项各项以外的内容中"《电子交易基本法》"更改为"《电子文件及电子交易基本法》"。

㉕省略。

附则（法律第11842项，2013.5.28）

第一条（施行日）

本法自颁布后的第 6 个月起开始施行。

第二条（有关赔偿损失责任的适用例）

第三十五条的修订规定自本法施行后最初发生的违反行为开始适用。

附则（法律第 11938 项，2013.7.16）

本法自颁布后的第 6 个月起开始施行。

附则（法律第 12097 项，2013.8.13）

本法自颁布后的第 6 个月起开始施行。

附则（法律第 12709 项，2014.5.28）

本法自颁布后的第 6 个月起开始施行。

附则（法律第 13451 项，2015.7.24）

第一条（施行日）

本法自颁布后的 6 个月起开始施行。其中，第十九条的修订规定自颁布日起施行。

第二条（有关属于相互出资限制企业集团的公司或根据总统令确定的经营者和中间企业间交易的适用例）

第十三条第 11 项的修订规定自本法实施后最初进行的制造等的委托起开始适用。

第三条（关于违法行为的有关处分期间限制的适用例）

第二十二条第 4 项的修订规定自本法实施后最初进行调查的违反本法的行为起适用。

第四条（有关奖金发放的适用例）

第二十二条第 5 项至第 8 项的修订规定自本法实施后最初根据修订规定进行举报，并提交能够证明其违反行为的证据材料之时开始适用。

第五条（关于调查对象限制例外的适用例）

第二十三条第 1 项提示的修订规定自本法施行后第二十四条之四第 1 项

或第 2 项的纠纷当事者最初请求纠纷调解的情况之时开始适用。

第六条（对总包商的经过措施）

即使有了第二条第 2 项的修订规定，对于本法施行之前所签署的转包交易按照原先的规定进行。

第七条（有关期票代替支付手段手续费等的经过措施）

即使有了第十三条第 10 项的修订规定，但对于本法施行之前所签署的转包交易仍按照原先的规定进行。

第八条（对于经营者团体所设的协会的经过措施）

①本法施行之时，根据之前的第二十四条第 1 项经营者团体所设置的协会看作为经营者团体根据第 24 条第 2 项的修订规定而设置的协会。

②本法施行之时，经营者团体根据之前的第二十四条第 1 项所设置的协会所行使的纠纷调解以及此外的行为和对其协会进行的纠纷调解请求及其外的行为，应看作为是经营者团体根据第二十四条第 2 项的修订规定设置的协会所做的行为或对其协会所进行的行为。

韩国促进大中小企业合作法

经以下法案修订：2005年3月3日第7864号法案
　　　　　　　2006年12月28日第8108号法案
　　　　　　　2007年5月17日第8454号法案
　　　　　　　2008年2月29日第8852号法案
　　　　　　　2008年3月28日第9013号法案
　　　　　　　2009年1月7日第9331号法案
　　　　　　　2010年1月13日第9931号法案
　　　　　　　2010年1月27日第9978号法案
　　　　　　　2010年4月12日第10252号法案
　　　　　　　2010年12月7日第10399号法案
　　　　　　　2012年1月17日第11173号法案

第一章　总则

第一条【目的】

为巩固大型综合企业与中小企业之间的共赢合作以加强两者的竞争力，以及解决大型综合企业与中小企业的分化问题，实现共同发展，为国民经济的可持续发展打下基础，特颁布本法。

（本条经2010年1月27日第9978号法案全文修订）

第二条【定义】

本法中术语的定义如下所示：（经2012年1月17日第11173号法案修订）

1. "中小企业"是指《中小企业框架法》第2条中规定的中小企业。
2. "大型综合企业"是指非中小企业的企业。

3. "共赢合作"是指在大型综合企业与中小企业之间、中小企业之间开展或者委托企业与受托企业之间为提高技术、人力资源、资金、采购与营销等部门相互利益而开展的联合活动。

4. "寄售与委托交易"是指经营制造、施工工程、加工、维修、销售或服务业务的任何企业将商品、部件、半成品与原材料（以下简称为"商品"）的制造、操作、加工、修理、服务或技术开发（以下简称为"制造"）等工作委托给任何其他中小企业，接受委托的中小企业以专业的方式制造商品。

5. "委托企业"是指第4项中发出委托的任何企业。

6. "受托企业"是指第4项中接受委托的任何企业。

7. "中小企业组织"是指《中小企业合作法》第3条中规定的中小企业合作组织以及知识经济部法令规定的中小企业相关的其他组织。

8. "代付凭单"是指委托企业通过专用业务采购卡、特别税项限制法第7-2（3）5～7条的赊购要求担保贷款和采购贷款制度以及作为总统令规定、替代账单的付款方式支付已交付商品的价格。

9. "技术数据"是指总统令规定的、制造或生产商品的方式以及用于商业活动、拥有独立经济价值的其他数据。

10. "共同发展指数"是指通过评估大型综合企业与中小企业之间的共同发展程度、为促进企业的共同发展而制订的量化指标。

11. "适用于中小企业的业务类型与项目(以下简称为"适当的业务类型")"是指适合以中小企业的形式开展业务、以实现大型综合企业与中小企业之间职能合理划分的部门（包括服务性行业）。

（本条经2010年1月27日第9978号法案全文修订）

第三条【促进大型综合企业与中小企业共赢合作的政策基本方向】
政府根据以下各项条款中所规定的基本方向制定并实施促进大型综合企业与中小企业之间共赢合作的政策。

1. 保证大型综合企业与中小企业之间共赢合作的自主性。
2. 促进产生大型综合企业与中小企业共同利益的共赢合作。
3. 加强公共部门在公共机构与中小企业合作中的主导作用。

（本条经 2010 年 1 月 27 日第 9978 号法案全文修订）

第二章　制订并实施促进大型综合企业与中小企业之间共赢合作的计划

第四条【制订促进大型综合企业与中小企业共赢合作的总体规划】

1. 每三年，知识经济部部长与相关中央管理部门的部长进行协商后，制订促进大型综合企业与中小企业合作的总体规划（以下简称为"总体规划"）。（经 2010 年 1 月 27 日第 9978 号法案修订）

2. 总体规划包括以下事项。（经 2010 年 1 月 27 日第 9978 号法案修订）

（1）规定促进大型综合企业与中小企业之间共赢合作政策的基本方向。

（2）大型综合企业与中小企业之间共赢合作的年度目标。

（3）促进大型综合企业与中小企业之间共享业绩、交换技术与人力资源的事项。

（4）有关选择和支持共赢合作模范企业的事项。

（5）有关减少大型综合企业与中小企业之间薪酬差距的事项。

（6）有关公共机构与中小企业合作的事项。

（7）促进大型综合企业与中小企业之间共赢合作的其他必要事项。

3. 已删除。（经 2009 年 1 月 7 日第 9331 号法案）

4. 需要制订总体规划时，知识经济部部长可要求相关中央管理部门的部长、与大型综合企业与中小企业之间共赢合作相关的机构和组织的负责人提交必要的资料并发表意见。在此情况下，除非存在情有可原的情况，否则相关中央管理部门的部长、与大型综合企业与中小企业之间共赢合作相关的机构和组织的负责人须遵守要求。

（经 2010 年 1 月 27 日第 9978 号法案修订）

第五条【制订促进大型综合企业与中小企业之间共赢合作的实施计划】

1. 每年相关中央管理部门的部长根据总体规划的规定，制订并实施促进大型综合企业与中小企业之间共赢合作的计划。

2. 相关中央管理部门的部长按照总统令的规定，向知识经济部部长提交前一年实施计划的执行记录以及当年的实施计划；知识经济部部长根据每年的实施计划对执行记录进行评估。

3. 相关中央管理部门的部长可为实施计划提供必要的支持。

4. 有关制订和操作实施计划以及评估实施计划执行记录的必要事项应在总统令中进行规定。

（本条经 2010 年 1 月 27 日第 9978 号法案全文修订）

第六条、第七条已删除。（经 2009 年 1 月 7 日第 3331 号法案）

第三章　推广大型综合企业与中小企业之间共赢合作的政策

第八条【公平分配共赢合作的成果】

1. 政府可制定和实施推广合同模式（以下简称为"共赢模式"）的政策，根据该模式，委托企业支持受托企业实现共同的约定目标（包括成本削减等）并且委托企业与受托企业共同分享取得的成果。

2. 知识经济部部长可在知识经济部法令规定的集团公司与组织内设立推广共赢模式的推广总部（以下简称为"推广总部"），以支持供应模式的分配。

3. 推广总部负责开展以下各项条款规定范围内的工作。

（1）共赢模式的研究与调查。

（2）在韩国和海外寻找并发布示范案例。

（3）实施共赢模式企业的教育与咨询。

（4）推广共赢模式的其他必要事项。

4. 知识经济部部长可向推广总部提供开展上述第 3 款各项条款中所述项目的必要支持。

5. 如果《公共机构管理法》第 5 条规定的公众公司或半政府机构认为有必要采用共赢模式，则可以对参加该法第 39 条中规定的投标施加资质限制、指定竞标的投标人或者订立私人合同。

（本条经 2010 年 1 月 27 日第 9978 号法案全文修订）

第九条【促进大型综合企业与中小企业之间的技术合作】

1. 政府可向大型综合企业与中小企业联合开发的技术提供必要的资金补贴，或者提供必要的资金补贴开发需要大型综合企业配合的技术（如大型综合企业的采购协议等），以促进大型综合企业与中小企业之间的技术合作。

2. 知识经济部部长可为《技术转让与商业化促进法》第10条中规定的技术交易机构提供预算等必要支持，以促进尚未使用的大型综合企业专利权和新型实用专利权向中小企业的转让。

（本条经2010年1月27日第9978号法案全文修订）

第十条【扩大大型综合企业与中小企业之间人力资源的交换】

1. 政府应制定并实施政策，促进大型综合企业与中小企业之间人力资源的交换。

2. 如出于大型综合企业与中小企业之间人力资源交换的必要，政府可补贴部分劳动成本。

（本条经2010年1月27日第9978条全文修订）

第十一条【大型综合企业对中小企业的参股】

1. 在不损害中小企业管理自主性的情况下，如果出于促进大型综合企业与中小企业之间共赢合作的必要性，政府可制订并实施计划，允许大型综合企业参股中小企业。

2. 政府可对《资产支持证券化法》第4条第4项中规定的资产支持证券的发行提供补贴，以支持受托企业在技术开发、设施投资等方面的管理。

（本条经2010年1月27日第9978号法案全文修订）

第十二条【促进大型综合企业与中小企业在绿色管理方面的合作】

1. 政府可根据《促进环保行业结构转化法》第2条第5项的规定，制订并实施计划，促进大型综合企业与中小企业之间的技术与信息的交流与合作，并有效应对国际环境的监管。

（经2010年1月13日第9931号法案修订）

2. 政府可制订计划，促进大型综合企业与中小企业之间在信息化与技术和信息交流等方面的合作，并提供必要支持。

3. 政府可提供必要支持促进大型综合企业与中小企业之间的合作，以扩大中小企业制造的商品市场，包括大型综合企业与中小企业之间对商品进行的联合营销。

（经2010年1月27日第9978号法案修订）

第十三条【有关禁止不公平交易的特例】

如果任何大型综合企业为促进大型综合企业与中小企业之间的共赢合作，而根据总统令规定的、由大型综合企业提前公开的合理标准向中小企业（不包括隶属于企业集团，受限于《垄断监管与公平贸易法》第14条规定的共同投资限制的公司）提供的支持，不得被视为构成《垄断监管与公平贸易法》第23（1）7条中规定的不公平交易。

（本条经2010年1月27日第9978号法案全文修订）

第十四条【对大型综合企业与中小企业之间共赢合作实际状况的调查】

1. 知识经济部部长可在必要时，对大型综合企业与中小企业之间共赢合作的实际状况进行调查。

2. 如出于实施上文第1项中所述实际状况调查的必要，知识经济部部长可要求大型综合企业与中小企业提交资料并陈述观点。

（本条经2010年1月27日第9978号法案全文修订）

第十五条【大型综合企业与中小企业之间共赢合作指数的统计与发布】

1. 在对大型综合企业与中小企业之间共赢合作的水平进行评估之后，知识经济部部长可统计并发布量化的大型综合企业与中小企业共赢合作指数（以下简称为"共赢合作指数"），以促进大型综合企业与中小企业之间的共赢合作。

2. 有关统计共赢合作指数，指数发布流程等必要事项在知识经济部法令中规定。

（本条经2010年1月27日第9978号法案全文修订）

第十六条【共赢合作示范企业的评选和补贴】

1. 知识经济部部长可制定支持性政策，如评选展示共赢合作良好示范的企业以及为推广共赢合作做出贡献的企业（以下简称为"共赢合作示范企业"）并授予奖励，以促进大型综合企业与中小企业之间的共赢合作。

2. 有关评选共赢合作示范企业的评选计划和程序以及企业的支持政策相关的必要事项在知识经济部法令中规定。

（本条经 2010 年 1 月 27 日第 9978 号法案全文修订）

第十七条【受托企业的咨询委员会】

1. 受托企业（包括受托企业将其部分代理制造的部分商品进行二次委托，进行制造的二级受托企业）可按照委托企业、区域及业务类型建立咨询委员会，以维持与委托企业的平等贸易关系并促进技术信息交流、技术联合开发及其他事项。

2. 中小企业管理局局长可对受托企业的咨询委员会的设立提供必要的支持。

（本条经 2010 年 1 月 27 日第 9978 号法案全文修订）

第十八条【缩减大型综合企业与中小企业之间的薪酬差距】

政府可制定并实施必要的政策，如积极支持劳动力与管理层之间的薪酬磋商，实现共赢合作以缩减大型综合企业与中小企业之间的薪酬差距。

（本条经 2010 年 1 月 27 日第 9978 号法案全文修订）

第十九条【促进公共机构与中小企业的合作】

1. 总统令规定的、属于《公共机构管理法》第 4 条中规定范围内的公共机构（以下简称为"公共机构"）应制订中小企业支持计划，每年编制计划的实施记录并向知识经济部部长提交。

2. 知识经济部部长可对公共机构提交的上文第 1 款中所述的中小企业支持计划以及计划的实施记录进行评估，并通知战略与财政部部长评估的结果。

3. 战略与财政部部长可在对公共机构进行评估时，反映上文第 2 款中通知的评估结果。

4. 公共机构可设立并运作中小企业专项支持组织，以促进大型综合企业与中小企业之间的共赢合作。

（本条经2010年1月27日第9978号法案全文修订）

第二十条【设立大型综合企业与中小企业合作基金会】

1. 政府应设立大型综合企业与中小企业合作基金会（以下简称为"基金会"），以促进大型综合企业与中小企业之间的共赢合作。

2. 基金会应负责开展以下事务。

（1）支持大型综合企业与中小企业之间合作项目的开发与运营。

（2）支持第9条规定的技术合作促进项目的管理、经营和评估。

（3）支持第17条中规定的受托企业咨询委员会的设立与运营。

（4）支持第21至第24条、第24-2条及第25条中规定的寄售与委托交易的公平性。

（5）支持自主调解委托企业与受托企业之间的争议。

（6）知识经济部部长或中小企业管理局局长指定或委托的其他事务。

3. 基金会属于法人，并且除本法中的规定之外，适用于《民法》注册成立的基金会的条款应做出必要的变更后适用于基金会。

4. 政府可在预算限额范围内对设立和经营基金会提供必要的资金补贴。

5. 基金会要修改基金会章程的，须取得中小企业管理局局长的批准。

（本条经2010年1月27日第9978号法案全文修订）

第二十条之二【设立大小公司共同发展委员会】

1. 基金会中应设立大小公司共同发展委员会（以下简称为"委员会"）以确保私营部门中对大型综合企业与中小企业之间共同发展的事宜达成一致意见，并培养共同发展的文化。

2. 委员会应执行与以下事项相关的业务事务。

（1）有关公共发展指数的统计与公布事项。

（2）有关确保对适当的业务类型达成一致意见及公布业务类型相关的

事项；

（3）委员会认为促进私营部门公共发展所必要的其他事项。

3. 委员会应不依靠政府机关、基金会，独立自主执行第2款中所述业务事务。

4. 组织和经营委员会的必要事项经委员会决议确定。

（本条经2012年1月17日第11173号法案新增）

第四章　寄售与委托交易的公平性

第二十一条【出具书面协议】

1. 任何企业将商品的制造委托给其他企业时，委托企业应立即出具书面协议，在协议中向相关的受托企业订立委托内容、交付商品价格的金额、付款方式、付款日期、检验方式以及其他必要事项。

2. 委托企业收到受托企业的商品后，不论是否对商品进行检验，应立即出具收货商品的收据。

（本条经2010年1月27日第9978号法案全文修订）

第二十二条【支付已交付商品的价格】

1. 委托企业向受托企业支付已交付商品价格的付款日期应为，委托企业收到商品之日（不论是否对商品进行检验）起不超过60日。

2. 对已交付商品价格的付款日期另有规定的，委托企业收到商品之日应被视为同意支付商品价格之日，并且以违反上文第1款中规定的方式规定付款日期的，自收到商品之日起过去60日之日应被视为同意支付商品价格之日。

3. 任何委托企业在收到商品之日起60日之后支付已收货商品价格的，逾期期间应按照总统令规定的利率支付利息，最高利率不超过每年40%。

4. 委托企业以票据或者代付凭单的方式支付已交付商品的价格时，应按照总统令的规定向受托企业支付贴现费用，最高不超过每年40%。

（本条经2010年1月27日第9978号法案全文修订）

第二十三条【检验的合理化】

1. 委托企业应更新其检验设施、提高检验员的资质并且设定目标以及合理的检验标准,以确保对受托企业交付的商品进行公平、迅速的检验。

2. 对于未通过检验员根据上文第 1 款的规定进行的检验的任何商品,相关委托企业应尽快以书面形式通知受托企业,告知未通过检验的原因。

(本条经 2010 年 1 月 27 日第 9978 号法案全文修订)

第二十四条【质量保证】

1. 受托企业应尽力改善其设施与技术,以提高委托企业委托制造商品的质量,并在交付期限之前交付符合规定标准的商品。

2. 受托企业应尽力对其产品进行标准化,通过合理的成本计算体系设定合理的价格并管控制造商品的质量。

(本条经 2010 年 1 月 27 日第 9978 号法案全文修订)

第二十四条之二【技术数据保管系统】

1. 受托企业与委托企业(包括有意自行保管或者与除受托企业和委托企业之外的其他人共同保管技术数据的企业)可在与总统令规定的、拥有专家和设备的机构(以下简称为"受托机构")协商后,代替保管有意保管技术数据的企业(以下简称"托管企业")持有的数据。

(经 2010 年 12 月 7 日第 10399 号法案修订)

2. 出现以下情况时,委托企业可要求受托机构交付受托企业代管的技术数据。

(1)受托企业已经同意。

(2)符合经委托企业和受托企业相互同意后确定的交付技术数据的条件,如受托企业因宣布破产或决定解散或者因其营业地点关闭而无法开展业务而致使所享有的权利灭失。

3. 如果中小企业管理局局长确定的、交付技术数据的条件已经被满足,受托机构应将托管企业的技术数据交付给要求获得数据的人。

(经 2010 年 12 月 7 日第 10399 号法案新增)

4. 政府可在预算限额范围内给予受托机构必要的支持。

（经 2010 年 12 月 7 日第 10399 号法案修订）

5. 托管技术数据的其他必要事项应在总统令中进行规定。

（经 2010 年 12 月 7 日第 10399 号法案修订）

第二十四条之三【技术数据托管的登记】

1. 托管企业可登记以下事项。

（1）技术数据的名称、类型和产生日期。

（2）技术数据的简介。

（3）托管企业的名称与地址。

（4）总统令规定的其他事项。

2. 如果当事方或者利益相关方对根据第 1 款的规定以托管企业真实名称登记的技术产生任何争议，则应假定已经根据存放商品的详细情况开发该技术。

（本条经 2010 年 12 月 7 日第 10399 号法案新增）

第二十四条之四【保密规定】

曾经或目前正在从事管理第 24-2 条中技术数据业务的任何人均不得在履行职责时向第三方泄露其获知的秘密。

（本条经 2010 年 12 月 7 日第 10399 号法案新增）

第二十四条之五【费用】

1. 已经根据第 24-2 条的规定被指定为受托企业的人可对相关业务向托管企业收取费用。

2. 上文第 1 款中所述费用的类型、费率、金额、付款方式等必要事项应由中小企业管理局局长确定。

（本条经 2010 年 12 月 7 日第 10399 号法案新增）

第二十五条【须遵守的事项】

1. 各委托企业向任何受托企业委托制造商品时，不得出现以下行为。

（1）并非因为受托企业的原因而拒绝接受商品或降低已交付商品价格。

（2）在付款日期之前未支付已交付商品的货款。

（3）确定的已交付商品的价格远低于对任何同类受托企业交付的相同或类似商品通常支付的价格。

（4）因委托制造商品后经济情况发生变化，未按照向委托企业发放订单者支付的追加款项的比例提高受托企业已交付商品的价格，尽管受托企业因同样的原因需要增加成本。

（5）强迫受托企业购买委托企业指定的商品，为维持或提高商品质量或者存在其他正当理由的情况除外。

（6）以票据形式支付已交付商品的货款，使之难以在已交付商品货款的付款日期之前向任何金融机构兑现。

（7）尽管没有发现商品存在任何缺陷，在没有任何正当理由的情况下，相比通常订购的商品的数量，大幅减少订购商品的数量或者停止下订单。

（8）要求受托企业接受委托企业制造的商品，以替代支付已交付商品的货款。

（9）逃避对委托企业下订单用于出口的商品开具本地信用证。

（10）提出制造商品的要求后，在没有正当理由的情况下，逃避下达制造商品订单。

（11）对受托企业交付的商品进行检验时，设定客观上不合理的标准。

（12）在没有正当理由的情况下要求提供技术数据。

（13）对要求存储技术数据的受托企业存在不利行为。

（14）因相关受托企业向任何相关各机构汇报第（1）至（13）项中所述的行为，而减少寄售与委托商品交易的交易量、终止寄售或委托商品交易或者采取其他对其不利的行为。

2. 受托企业在接受任何委托企业的委托制造商品时，不得存在以下行为。

（1）违反任何委托企业委托的商品质量、性能或交付日期的约定。

（2）无故要求提高商品的价格。

（3）打乱寄售与委托交易的顺序。

（本条经 2010 年 1 月 27 日第 9978 号法案全文修订）

第二十六条【要求公平贸易委员会采取措施】

1. 委托企业违反第 21 至第 23 条或第 25.1 条的规定，并且认为违反行为属于《分包公平交易法》第 3 条、第 4 至第 12 条、第 12.2 条、第 13 条、第 13.2 条、第 15 条、第 16 条、第 16.2 条、第 17 至第 20 条中规定的条款或者《垄断监管与公平贸易法》第 23（1）条中规定的禁止行为时，中小企业管理局局长应要求公平贸易委员会根据《分包公平交易法》第 25 条的规定或者《垄断监管与公平贸易法》第 24 条的规定，对委托企业采取必要措施。

2. 公平贸易委员会主席收到上文第 1 款中所述要求后，应首先查看要求的内容，然后采取必要措施。

（本条经 2010 年 1 月 27 日第 9978 号法案全文修订）

第二十七条【改善委托企业与受托企业之间不公平交易的状况】

1. 中小企业管理局局长应定期审查委托企业是否在大型综合企业与中小企业进行寄售与委托交易的过程中，按照总统令的规定执行第 21 至第 23 条或第 25.1 条的规定，并要求相关企业改进需要改善的事项；如拒绝遵守，应予以惩罚。

2. 如中小企业管理局局长认为有所必要，如果中小企业的规模超过总统令的规定，则第 1 款的规定应在做出适当调整后适用于向其他中小企业委托制造商品的情况。

3. 对于由于第 1 款及第 2 款中调查结果，其结算条件（包括增加现金结算）良好并且已经建立公平的寄售与委托交易关系的企业，中小企业管理局局长可给予奖励并向其提供必要的支持。

4. 政府可提供税收等必要支持，并提供其他必要支持以改善中小企业向大型综合企业交付商品价格的结算条件，并增加现金结算（包括以现金方式进行结算）。

5. 中小企业管理局局长可根据知识经济部法令的规定，对已经违反第 21

至第 23 条或第 25.1 条规定的违规程度以及对委托企业造成的损害程度给出不良记录，并可要求相关管理机构的负责人对不良记录的分数超过知识经济部法令规定标准的企业参与《合同法》第 27 条中规定的、国家进行的招标的资质进行限制。

（本条经 2010 年 1 月 27 日第 9978 号法案全文修订）

第二十八条【调解争议】

1. 如果任何委托企业与任何受托企业之间，或者中小企业合作组织之间对以下事项产生争议，涉及争议的委托企业和受托企业以及中小企业合作组织可要求中小企业管理局局长按照总统令的规定对其争议进行调解。

（1）第 21 条中规定的、有关书面协议和商品接收的事项。

（2）第 22 条中规定的、有关已交付商品付款的事项。

（3）第 23 条中规定的、有关商品检验的事项。

（3-2）第 24-2 条中规定的、有关技术数据存放的事项。

（4）是否遵守第 25 条中须遵守事项的相关事项。

2. 收到第 1 款中所述调解申请后，中小企业管理局局长应立即查看申请内容，在必要时，修改第 1 款各项中所述事项、向相关委托企业、受托企业或中小企业合作组织提议修改这些事项或颁布纠正令。

3. 相关委托企业、受托企业或中小企业合作组织拒绝遵守第 2 款中的纠正令时，中小企业管理局局长应公布这些企业或合作组织的名称以及纠正令的概要，但如果相关受托企业的行为属于第 26 条规定的范围，则中小企业管理局局长应要求公平贸易委员会采取必要措施。

4. 第 2 款中有关查看、建议纠正和纠正令的必要事项应在总统令中规定。

（本条经 2010 年 1 月 27 日第 9978 号法案全文修订）

第二十八条之二【培训令】

1. 对于已经收到第 27.5 条中不良记录的委托企业，中小企业管理局局长可根据知识经济部法令规定的不良记录表中，采取措施，如向高级管理人员及员工发布培训令等，以及第 27.1 条及第 27.2 条中的改进和建议纠正或第

28.2 条中的纠正令。在此情况下，中小企业管理局局长可要求委托企业承担培训产生的费用。

2. 有关采取发布培训令等措施的详细程序和方式的必要事项应由中小企业管理局局长宣布。

（本条经 2010 年 1 月 27 日第 9978 号法案全文修订）

第五章　保护中小企业的业务领域

第二十九条及第三十条（参见 2010 年 1 月 27 日第 9978 号法案）

第三十一条【中小企业业务协调委员会】

1. 中小企业业务协调委员会（以下简称为"协调委员会"）应在中小企业管理局局长的管控下设立，以顺利协调第 33 条中规定的事务。

2. 有关协调委员会组成与运营的必要事项应在总统令中进行规定。

（本条经 2010 年 1 月 27 日第 9978 号法案全文修订）

第三十二条【申请业务协调】

1. 如果中小企业的组织认为，以下任何企业接管、开展或扩大任何业务，并且这样的行为造成大量相关业务类型的中小企业供应的商品与服务需求减少，并对中小企业管理的稳定性产生，或者很可能产生不利影响，可根据总统令的规定，通过《中小企业合作法》第 3（1）4 条中的韩国中小企业联盟，向中小企业管理局局长递交业务协调的申请。在此情况下，业务协调的申请日期应被视为韩国中小企业联盟受理业务协调申请的日期，但是如果不存在涉及相关业务类型的中小企业组织，相关业务类型的中小企业可在获得相关区域从事相同业务类型的中小企业一定比例或以上的同意之后，通过韩国中小企业联盟向中小企业管理局局长递交业务协调申请。在此情况下，相关区域的范围和获取同意的中小企业的比例应在总统令中进行规定。（经 2010 年 12 月 7 日第 10399 号法案修订）

（1）大型综合企业。

（2）如果大型综合企业直接管理相同业务类型的多家零售商店（是指自担责任直接管理商店，并且对其所有或者出租的商店盈亏自负，下同）；或者管理以下任何业务，其中大型综合企业持续向多家相同业务类型的零售商店，以及经知识经济部法令确定属于此类业务的连锁店提供管理指引并供应商品、原材料或服务：

①直控型连锁业务：大部分情况下，连锁总部直接管理零售店，并且持续向已经与连锁总部订立商业协议的零售店（在本项中以下简称为"成员商店"）供应商品并提供管理指引的连锁业务。

②特许经营型连锁业务：已经开发自己的商品或销售及管理技术的连锁总部确定商品名称、销售方式、店铺管理与广告的方式并要求其成员商店遵守总部决策和指引的连锁类型。

（3）知识经济部法令确定的、总体上受大型综合企业控制的中小企业。

2. 第1款中所述的业务协调申请可在第1款第（1）~（3）项中所述的企业（以下简称为"大型综合企业"）接管、开展或扩大业务之前提交，但在大型综合企业接管、开展或扩大业务之后，业务协调申请可在相关日期后90日内提交。（经2010年12月7日第10399号法案修订）

3. 收到第1款中所述申请后，韩国中小企业联盟应按照总统令的要求，对事实进行调查，编写业务协调意见书，并向中小企业管理局局长提交。

4. 收到第1款中所述申请后，中小企业管理局局长应将实际情况通知相关申请关联的大型综合企业。

5. 如果没有对第20-2.2（2）条中所述适当的业务类型达成一致意见，或者没有执行一致意见，尽管存在第1至第4款及第7款的规定，委员会可向中小企业管理局局长提交业务协调申请。在此情况下，中小企业管理局局长可颁布第33条及第34条中的建议、发布或执行令，入股协调委员会的审议结果表明需要大型综合企业进行业务转让的，中小企业管理局局长可仅出具业务转让建议书。（经2012年1月17日第11173号法案新增）

6. 协调委员会应在上文第1款及第5款中所述业务协调申请日期后一年内完成对须进行业务协调事项的审议，但是如果中小企业管理局局长认为有必要，期限可延长多达一年。（经2012年1月17日第11173号法案修订）

7. 出现总统令中规定的，已经为业务类型或其他业务取得其他法案及附属法令的批准、授权、登记的、建立了与业务协调拥有类似效应的程序或体系的情况下，中小企业组织或中小企业不得申请第 1 款中所述的业务协调。（经 2012 年 1 月 17 日第 11173 号法案修订）

（本条经 2010 年 1 月 27 日第 9978 号法案全文修订）

第三十三条【业务协调相关的建议和命令】

1. 如果中小企业管理局局长认为有必要确保在收到第 32 条中规定的商业协调申请后，确保相关业务类型的中小企业的商业活动机会，中小企业管理局局长可建议相关大型综合企业在不超过 3 年的固定期限内，推迟接管、开展或扩大业务，并在协调委员会进行审议后减少生产项目、产量、生产设施，但如果提交了业务协调的初步申请，中小企业管理局局长仅可延长相关期限一次，延长时间最多 3 年，并可在考虑业务类型的性质后确定延期的范围。

2. 如果大型综合企业未遵守第 1 款中所述的建议，中小企业管理局局长可发布建议的主旨或内容。

3. 如果大型综合企业在发出第 2 款中所述的发布后，在没有正当理由的情况下未执行建议的事项，则中小企业管理局局长可命令相关大型综合企业实施建议的事项。

（本条经 2010 年 1 月 27 日第 9978 号法案全文修订）

第三十四条【撤销暂停和协调命令】

1. 收到第 32 条规定的业务协调申请后，中小企业管理局局长可建议相关大型综合企业暂停接管、开展和扩大相关业务，直到中小企业管理局局长向相关大型综合企业告知协调委员会的审议结果未知。

2. 如果大型综合企业未遵守第 1 款中、中小企业管理局局长提出的建议，中小企业管理局局长可发布建议的主旨或内容。

3. 中小企业管理局局长认为，发布第 33.3 条中所述的命令之后、执行命令之前，颁布命令的理由发生变化，中小企业管理局局长应在协调委员会进行审议之后撤销部分或全部的详细协调规定。

（本条经 2010 年 1 月 27 日第 9978 条全文修订）

第三十四条之二【在业务协调中支持业务类型的中小企业】
政府可通过改善业务活动中的必要事项，如在预算范围内更新相关业务类型的中小企业的设施、升级技术以提高中小企业的竞争力等方式，在业务协调中支持业务类型的中小企业。

（本条经 2009 年 1 月 7 日第 9331 号法案新增）

第三十五条【将大型综合企业的业务转让给中小企业】
经营以下任何业务的大型综合企业应尽可能将这些业务转让给中小企业，以通过与中小企业合理分担职责、提高行业效率。（经 2010 年 1 月 27 日第 9978 号法案修订）

（1）已删除。（经 2010 年 1 月 27 日第 9978 号法案）

（2）须执行第 33 条中规定命令或建议。

（3）中小企业管理局局长确定适合中小企业的其他业务类型和经营项目。

第三十六条【对接管大型综合企业业务的中小企业的支持】
政府可向接管大型综合企业业务的中小企业提供以下支持。（经 2010 年 4 月 12 日第 10252 号法案修订）

1.《中小企业设立支持法》第 4（2）条中规定的启动资金补助。

2. 优先占据合作产业集群及知识型行业中心。

3. 优先补贴技术发展基金。

（本条经 2010 年 1 月 27 日第 9978 号法案全文修订）

第三十七条【对转让业务的大型综合企业的支持】
大型综合企业向中小企业转让的业务符合总统令规定的标准时，政府可向该大型综合企业提供财政和税务支持。

（本条经 2010 年 1 月 27 日第 9978 号法案全文修订）

第六章 附则

第三十八条【授权与委托权限或职责】

1. 知识经济部部长可按照总统令的规定,将其在本法中规定的部分权限授权给中小企业管理局局长或将其部分权限分派给基金会。

2. 中小企业管理局局长可按照总统令的规定,将其在本法中规定的部分权限授权给特别大都市市长、大都市市长、特别自治省的省长或副省长,或将其部分权限分派给各业务类型的责任部长。

3. 中小企业管理局局长可按照总统令的规定,将其在本法规定的部分权限分派给韩国中小企业联盟、小型企业公司或基金会。

(本条经 2010 年 1 月 27 日第 9978 号法案全文修订)

第三十九条【存档】

1. 委托企业、受托企业或中小企业合作组织应对寄售与委托交易的相关文件存档。

2. 有关上文第 1 款中所述文件范围及存档期限的必要事项应在知识经济部法令中规定。

第四十条【提交材料】

1. 如果中小企业管理局局长认为在以下任何情况下有必要,可要求相关中小企业和相关大型综合企业提交材料并派遣其公职人员进入办公地、经营地、工厂等地检验账簿、文件、设施和其他物品。(经 2010 年 1 月 27 日第 9978 号法案修订)

(1) 中小企业管理局局长希望了解第 21 至第 24 条、第 24-2 条及第 25 条中规定的寄售与委托交易的实际状况。

(2) 已删除。(经 2010 年 1 月 27 日第 9978 号法案)

(3) 中小企业管理局局长收到第 32 条中所述业务协调申请。

（4）中小企业管理局局长认为必须确保寄售与委托交易的公平性，并保护中小企业的业务领域。

2. 进行第1款中所述检验时，中小企业管理局局长应在进行计划的检验前不迟于7日，告知待检验者的检验计划，说明检验的日期、目的、详细情况；但是同样的规定不适用于须进行突击检验的情况；一般认为实现通知可能造成证据销毁，无法实现检验的目的。（经2010年1月27日第9978号法案修订）

3. 第1款中所述实施检验的公职人员应携带证件，证明其权限并向有关企业展示，并递交公文，载明相关公职人员的姓名、进出时间及进出有关企业的目的。（经2010年1月27日第9978号法案修订）

第七章　罚则

第四十一条【刑罚规定】

1. 通过偷盗等不正当方式获得其他人技术数据并根据第24-3条进行登记的，应处以5年以下有期徒刑或相当于通过获取技术数据获得的专有利益10倍以下、两倍以上金额的罚金。

2. 具有以下行为的，处以一年以下有期徒刑或5000万韩元以下罚金。

（1）违反第24-4条中保密职责的。

（2）第28.3条规定的发布做出之后一个月内未执行第28.2条中纠正令的。

（3）为履行第33.3条中颁布的命令的。

（本条经2010年12月7日第10399号法案全文修订）

第四十二条【并罚规定】

企业代表、代理人、员工或其他工人、个人有违反第41条中有关企业或个人业务相关规定的行为时，除接受主犯的处罚外，该企业及个人应被处以各条款中规定的罚金，但是在相关企业或个人已经充分关注或忠实监督相关业务以防止出现上述违法行为的情况下，本条不适用。（经2009年1月7日第9331号法案修订）

第四十三条【过失罚金】

1. 存在以下任何行为的,应处以500万韩元以下的过失罚金。(经2007年5月17日第8454号法案及2010年1月27日第9978号法案修订)

(1)未执行第28-2条中培训令等措施的。

(2)未按照第39.1条存档或在文件中输入不实事项的。

(3)为提交第40条中规定的材料、提交虚假材料或拒绝接受、干扰或规避检验的。

2. 第1款中所述过失罚金应按总统令的规定,由中小企业管理局局长征收、收取。(经2010年1月27日第9978号法案修订)

第3至第5条已删除。(经2010年1月27日第9978号法案修订)

附 录

第1条(生效日期):本法应于颁布之日后3个月生效。

第2条(废除其他法案):《保护中小企业商务环境与促进合作法》应予以废止。

第3条(一般过渡性措施):《保护中小企业商务环境与促进合作法》的先前条款(以下简称为"先前法案")违反本法的条款,则根据先前法案进行的任何处理和采取的任何行动应被视为依据本法的规定进行和采取。

第4条(有效期):第29条、第30条、第35条第(1)项、第40.1(2)条及第41条第(2)项及第(3)项目的规定应于2006年12月31日或之前生效,第32.1条中"除固有业务类型之外的业务"应自2007年1月1日起归属于"业务"的范围。

第5条(有关受托企业顾问委员会的过渡性措施):本法实施之时,先前法案第17条中规定的受托企业的顾问委员会应被视为第17条中受托企业的顾问委员会。

第6条(有关大型综合企业与中小企业合作基金会的特殊情况):已根据先前法案第18条的规定设立的大型综合企业与中小企业合作基金会应被视为第20条中规定的基金会。

第7条（有关争议仲裁的过渡性措施）：根据先前法案申请仲裁但在本法实施之时尚未判决的争议案件应被视为根据第28条的规定提交申请的争议。

第8条（有关业务协调的过渡性措施）：在本法实施之时根据先前法案第6至第8条的规定为业务协调提交的申请、为业务协调提出的建议及颁布的命令以及提出的暂停建议应被视为根据第32至第34条的规定提交、提出和颁布。

第9条（有关中小企业固有业务类型的过渡性安排）：

1. 本法实施之时根据先前法案第3（1）条的规定被指定的中小企业固有业务类型应被视为根据第29（1）条的规定指定。

2. 本法实施之时经营第29条中规定的中小企业固有业务类型的大型综合企业应按照工商业及能源部法令规定，向中小企业管理局局长汇报，但本条款不适用于已经根据经第3653号法案修订的《调整中小企业项目法》附录第2条、《调整中小企业项目法》第7（2）条、经第4898号法案修订的《保护中小企业商务环境与促进合作法》附录第4条的规定以及先前法案第4（2）条的规定做出报告的任何企业。

3. 未做出第2款规定报告的，应处以500万韩元以下过失罚金，且第43.2至第43.5条的规定应在做出适当调整后适用于征收及收取过失罚金的程序与方式。

第10条（有关罚则的过渡性措施）：本法实施之前罚则及过失罚金的适用应受先前法案条款的规限。

第11条删除。

附录（2008年12月28日第8108号法案）

第1条（生效日期）：本法于颁布之日后6个月生效。

第2至第4条删除。

附录（2007年5月17日第8454号法案）

本法于颁布之日后3个月生效。

附录（2008年2月29日第8852号法案）

第1条（生效日期）：本法于颁布之日起生效。（限制性条款已删除）
第2至第7条已删除。

附录（2008年3月28日第9013号法案）
1.（生效日期）：本法于颁布之日后6个月生效。
2. 已删除。

附录（2009年1月7日第3331号法案）
1.（生效日期）：本法于颁布之日起生效。
2.（有关业务协调的过渡性措施）：在本法生效之前提交和做出的业务协调申请、业务协调建议或命令应被视为根据本法提交或做出的业务协调申请、建议或命令。

附录（2010年1月13日第9931号法案）
第1条（生效日期）：本法于颁布之日后3个月生效。（限制性条款已删除）
第2至第4条已删除。

附录（2010年1月27日第9978号法案）
本法于颁布之日起生效。

附录（2010年4月12日第10252号法案）
第1条（生效日期）：本法于颁布之日后3个月生效。（限制性条款已删除）
第2至第6条已删除。

附录（2016年12月7日第10393号法案）
1.（生效日期）：本法于颁布之日起生效。
2.（有关业务协调申请的适用性）：第32（1）条经修订的规定应适用于在本法生效之日或之后提交的业务协调申请。

附录（2012年1月17日第11173号法案）

第1条（生效日期）：本法于颁布之日起生效。

第2条（有关大小型公司共同发展委员会的过渡性措施）：

1. 本法生效之日依据基金会章程设立的大小型公司共同发展委员会应被视为依据第20-2条的修订规定设立。

2. 本法生效之前依据基金会章程设立的大小型公司共同发展委员会担保达成一致意见的适当业务类型应被视为按照第20-2.2（2）条的修订条款的规定达成一致并发布。

韩国促进大中小企业合作法的施行令

（2006年总统令第19494号）

第一章　总则

第一条【目的】

本令的目的是规定《促进大中小企业合作法》中委任内容和其施行的必要事项。

第二章　促进大中小企业合作实施计划的制订和实施

第二条【促进大中小企业合作实施计划的制订和实施】

1. 根据法律第五条第一项中促进大中小企业合作实施计划（以下简称"实施计划"）应包含下列关于当年大中小企业合作（双赢）促进方针（以下简称"促进方针"）的各项内容。

（1）促进方针的目标、内容和预期效果。

（2）促进方针的预算和资金筹备计划。

（3）其他促进大、中小企业双赢所需事项。

2. 根据法律第五条第二项，相关中央行政机关的负责人应在每年2月底之前向产业资源部部长呈报前年度实施计划促进方针和当年实施计划。

3. 产业资源部部长应在4月底之前向法令第六条中规定的大中小企业合作委员会呈报第二项中规定的包括实施计划在内的综合报告。

第三条【基本计划与实施计划的告示】

法令第四条第三项和法令第五条第二项中规定的基本计划和实施计划经法令第六条规定的大中小企业合作委员会审议通过时，产业资源部部长应及时予以告示。

第四条【大中小企业合作委员会构成】

1. 法律第六条第一项规定的大中小企业合作委员会（以下简称"委员会"）的组成委员如下。

（1）财政经济部部长、科学技术部部长、产业资源部部长、信息通信部部长、劳动部部长、建设交通部部长、企划预算处处长、国务调控室室长、公平交易委员会委员长、中小企业特别委员会委员长及中小企业厅厅长。

（2）下列各项中的人员由国务总理委任。

①大中小企业合作方面的专业知识和相关经验丰富的人。

②经济人团体、企业团体、中小企业团体及其他有关大中小企业合作促进团体的负责人。

2. 委任的委员任期为两年。委员因疾病、长期旅行及其他不得已理由无法执行委员的职务时，即使任期未满，也可以解任，而补缺委员的任期适用前任任期的余期。

3. 公务员委员在职期间可以连任。

4. 委员会设一名干事委员，干事委员由产业资源部部长担任。

5. 干事委员协助法令第六条第三项中规定的各委员会委员长（以下简称"共同委员长"），管理有关委员会运行方面的调查、研究、评估等业务。

6. 干事委员从产业资源部所属公务员中选择一名设为干事，协助干事委员处理办公事务。

第五条【委员会的运行】

1. 共同委员长召开委员会会议，由共同委员长中的国务总理担任会议主席。

2. 委员会的会议分为定期会议和临时会议。

3. 定期会议每年召开一次，临时会议由共同委员长根据情况决定是否召开。

4. 委员会的会议由包括共同委员长在内的半数以上在籍委员出席为召开

条件，并且出席委员的半数以上表决通过。

5. 共同委员长召开会议应在会议召开7日之前通知各委员会议的时间、地点及审议事件。紧急情况或者有不得已的原因除外。

6. 对出席委员会会议的委员，可以在预算范围内支付津贴。但公务员委员出席与所管业务直接相关联的会议除外。

7. 除本令中规定的事项之外，有关委员会运行等必要事项，经委员会决议，由共同委员长决定。

第六条【相关行政机构等协助要求】

委员会根据其业务执行需求，可以要求相关行政机关或团体，提供资料或者意见，要求公务员或者专家等参与委员会以及提出意见。

第七条【大中小企业合作实务委员会组成等】

1. 法律第六条第五项中规定的大中小企业合作实务委员会（以下简称"实务委员会"）由包括一名委员长在内的25名以下委员组成。

2. 实务委员会的委员如下。

（1）财政经济部副部长、科学技术部副部长、产业资源部副部长、信息通信部副部长、劳动部副部长、建设交通部副部长、企划预算处副处长、国务调控室政策副主任、公平交易委员会副委员长及中小企业厅副厅长。

（2）下列各项中的人员由实务委员会委员长委任。

①有关大中小企业合作方面的专业知识和经验丰富的人。

②经济人团体、企业团体、中小企业团体及其他与大中小企业合作相关团体的负责人。

3. 为了实务委员会办公顺利，设干事1名，由实务委员会委员长从产业资源部所属公务员中指任1名。

4. 第四条第二、第三项，第五条第六、第七项及第六条应遵照实务委员的任期、实务委员会的运行规定。此时"委员会"为"实务委员会"，"共同委员长"为"实务委员会的委员长"。

第八条【实务委员会功能】

实务委员会执行业务如下。

1. 由委员会审议事务的预审及调控。
2. 处理委员会或者共同委员长委任或者指示的事项。
3. 其他由实务委员会委员长为有效运行实务委员会而认为必要的事项。

第三章　推动大中小企业合作促进方针

第九条【关于禁止不公平交易行为的特殊条例】

法律第十三条大企业对中小企业支援行为满足以下各项条件则不视为不公平交易行为。

1. 以促进与中小企业的双赢为支援目的。
2. 媒体、网站等预先公开支援对象、程序、条件等相关合理标准，以保障对待中小企业的公平性。

第十条【中小企业支援计划和促进实绩制定机关范围】

法律第十九条第一项的"总统令规定机关"是指以下各项内容。

1. 《关于振兴中小企业及促进产品采购法施行令》第六条第三款的政府投资机构。
2. 《关于政府所属机构管理基本法》第二条第一项的政府所属机构中下列各项机关：

（1）根据《交通安全公团法》设立的交通安全公团。

（2）根据《韩国产业人力资源公团法》设立的韩国产业人力资源公团。

（3）根据《环境管理公团法》设立的环境管理公团。

（4）根据《韩国铁路设施公团法》设立的韩国铁路设施公团。

（5）根据《能源利用合理化法》设立的能源管理公团。

（6）根据《国民体育振兴法》设立的首尔奥林匹克纪念国民体育振兴公团。

（7）根据《韩国产业安全公团法》设立的韩国产业安全公团。

（8）根据《集团能源事业法》设立的韩国地区供暖公社。

（9）根据《工伤赔偿保险法》设立的劳动福利公团。

（10）根据《关于激活产业密集和设立工厂法》设立的韩国产业基地公团。

第十一条【受、委托争议调解协商会的设立】

为了支援调解法令第二十条第二项第五款中委托企业和受托企业之间自律调解争议，根据法令第二十条规定，设立大中小企业合作财团所属受、委托争议调解协商会（以下简称"协商会"）。

第十二条【组成协商会】

1. 协商会由包括一名委员长在内的十名以下委员组成。

2. 协商会委员由委托企业代表、受托企业代表，以及从关于大中小企业方面知识和经验丰富者中由中小企业厅厅长委任的人担任，并从中挑选担任协商会的委员长。

第十三条【协商会运行】

1. 协商会委员长召开协商会会议，担任会议主席。

2. 第五条第四项和第七项遵照协商会的运行规定。此时"委员会"视为"协商会"，"共同委员长"视为"协商会委员长"。

第四章　委托交易的公平化

第十四条【应付款利息】

法律第二十二条第三项中的"总统令规定的利率"是指第一条的利息和第二条的利息的合计数字。

1. 按照利率计利息。

（1）领取物品、零件、半成品及原料等（以下简称"物品等"）之后，超过60日支付现金时：从领取物品等之后超过60日之日起至支付现金日期间适用《转包合同公平交易法》第十三条第七项规定的利率的利息。

（2）领取物品等之后超过60日交票据时：领取物品等之后从超过60日

之日起至交付票据日期间适用同法第十三条第七项规定的根据利率的利息。

2. 按照贴现率计利息（票据在领取物品等之后超过60日到期）。

（1）领取物品等之后，在超过60日之前交付票据时：从领取物品等之后从超过60日之日起至票据到期日期间适用同法第十三条第八项根据贴现率的利息。

（2）领取物品等之后超过60日之后交付票据时：从交付票据之日起至票据到期日期间适用同法第十三条第八项根据贴现率的利息。

第十五条【关于物品等不合格原因通知】

根据法律第二十三条第二项，委托企业通知受托企业不合格原因的文件中，应记录以下各条款内容。

1. 物品等交货品名、交货数量、交货日期及检验日期。
2. 不合格物品等的检验标准和检验、分析结果。

第十六条【关于受、委托交易调查等】

1. 中小企业厅厅长应根据法令第二十七条第一项规定，每年实施一次调查。
2. 法律第二十七条第二项中规定的"总统令规定的超规模中小企业"是指根据《中小企业基本法》第二条第二项规定的中型企业。

第十七条【争议调解申请】

委托企业、受托企业或者中小企业合作组合根据法令第二十八条第一项申请调解争议时，应制订受、委托争议调解申请书和产业资源部令规定的文件，并提交中小企业厅厅长。也可经过协商会的预先调解。

第十八条【争议调解处理】

1. 中小企业厅厅长根据法律第二十八条第二项分析争议内容时，应仔细听取相关当事人意见，必要时可以参考协商会的意见。
2. 根据法律第二十八条第二项规定的纠正劝告或者纠正所需命令，应编成文件，并注明纠正内容和原因及纠正期限。

第五章　中小企业事业范围保护

第十九条【中小企业固有行业】
根据法律第二十条第一项规定的中小企业固有行业（以下简称"固有行业"）参照附件。

第二十条【事业延期命令等公告】
中小企业厅厅长根据法律第三十条第三项下达命令时，应公告核心内容。

第二十一条【中小企业事业调解审议会组成】
1. 根据法律第三十一条第一项规定的中小企业事业调解审议会（以下简称"调解审议会"）由包括委员长在内的10名以下委员组成。
2. 调解审议会的委员长是由中小企业厅厅长从中小企业厅所属二级或者三级公务员中指定。调解审议会的委员由下列人员担任。
（1）由公平交易委员会委员长从公平交易委员三级或者四级公务员中推荐1名；
（2）由产业资源部部长从产业资源部三级或者四级公务员中推荐1名；
（3）由中小企业厅厅长从中小企业相关知识和经验丰富者中选择7名推荐。
3. 调解审议会设1名干事，干事是由调解审议会的委员长从中小企业厅所属公务员中指定。
4. 第四条第二项和第三项遵照调解审议会的委员任期规定。此时"委员会"视为"调解审议会"。

第二十二条【调解审议会运行】
1. 调解审议会的委员长代表调解审议会，是调解审议会的业务总负责人。
2. 调解审议会委员长有事情时，由调解审议会委员长预先指名的委员代理其职务。

3. 调解审议会的委员长应召开调解审议会会议，并担任会议主席。

4. 调解审议会在认为必要的情况下，可以要求与调解当事人和议案有关系的人参加会议陈述意见。

5. 调解审议会应制订会议记录及存档。

6. 第五条第四项或者第六项、第五条第七项以及第六条遵照调解审议会的运行规定。此时"委员会"视为"调解审议会"，"共同委员长"视为"委员会"。

第二十三条【事业调整申请等】

1. 根据法律第三十二条第一项规定，中小企业团体或者中小企业申请调整事业时，应制订事业调整申请书并附上以下各文件，经中小企业合作组合中央会提交中小企业厅厅长。

（1）企业调整申请理由描述；

（2）中小企业团体的章程和其成员名单（仅限于中小企业团体）；

（3）中小企业合作组合中央会对有关当年行业中小企业合作组合不存在的确认文件（仅限于当年行业组合不存在的情况）；

（4）具备第二项条件的证明文件。

2. 中小企业团体申请事业调整时，应预先经过董事会的决议，而中小企业申请事业调整时，应预先获得经营同一行业的三分之一以上中小企业的同意。

3. 中小企业合作组合中央会会长，收到第一项规定的申请时，应调查事业调整必要性是否属实，制订有关事业调整的意见书，从受理之日起一日之内提交给中小企业厅厅长。

第二十四条【调整命令等公告】

中小企业厅厅长根据法律第三十三条第一项进行劝告或者根据法律第三十三条第三项下达命令时，对其重要内容应予以公告。

第二十五条【撤销暂停和调整命令】

1. 中小企业厅厅长根据法律第三十四条第一项劝告暂停当年事业收购启动或者扩张时，从劝告之日起至十日之内，以书面通知中小企业合作组合中央会、相关中小企业团体、中小企业和大型企业。

2. 中小企业厅厅长根据法律第三十四条第二项撤消全部或者部分调整内容时，从撤消之日起至十日之内，通知中小企业合作组合中央会、有关中小企业团体、中小企业及大型企业，并予以公告。

第二十六条【事业转让大型企业支援标准等】

根据法律第三十条第一项大型企业等（以下简称"大型企业等"）向中小企业以下列各项之一形式转让法律第三十五条各项之一的相应事业时，可以根据法律第三十七条提供金融、税制等支援。

1. 转让、出租全部或者部分生产设备。

2. 转让与欲转移事业行业及项目有关的专利权等知识产权。

3. 大型企业直接经营的事业项目的生产、工程、加工、维修等服务委托，或者缩小、中断并委托中小企业生产供货，但缩小事业规模时仅限于3年之内中断该事业。

第六章　补充条例

第二十七条【授权委托】

1. 中小企业厅厅长根据法令第三十条第二项，从行业特性上认为事业活动效果受区域限制而告示的行业的下列各项权限，授予特别市市长、广域市市长或者省长（以下简称"市、省长"）。

（1）根据法律第三十条第二项规定受理申请。

（2）根据法律第三十条第三项下达命令。

（3）根据法律第三十二条第一项受理有关事业调整的申请。

（4）根据法律第三十二条第二项规定受理意见书。

（5）根据法律第三十二条第三项规定下达通知。

（6）根据法律第三十三条第一项或第三项规定实施劝告、公布及下达命令。

（7）根据法律第三十四条第一、第二项规定，实施劝告及撤消。

（8）根据法律第四十条第一、第二、第三项规定，要求及调查提交资料。

（9）根据法律第四十三条第一、第二项规定的罚款权限（仅限于第八条的相关事宜）。

2. 根据法律第三十八条第二项规定，中小企业厅厅长可以将从第一项所列权限中未能授予市、省长的权限，委托主管当年业务的总负责人。

第七章　罚款条例

第二十八条【罚款】

1. 根据第四十三条第二项规定，中小企业厅厅长（根据第二十七条其权限被委任或者委托时，指接受当年委任或者委托的市、省长以及总负责人。下同）在进行罚款时，应调查检查其违法行为之后，制订违法内容和罚款金额注明文件，并书面通知被罚款人交罚款。

2. 中小企业厅厅长根据第一项实施罚款时，应先给予被罚款者在十日以上的规定期内进行口述或者以书面描述意见的机会。在规定期内未描述意见则视为没有意见。

3. 中小企业厅厅长在规定罚款金额时，应参考当年违法行为动机和其结果。

4. 罚款程序遵照产业资源部令。

附　则

（第 19494 号，2006.5.30）

第一条（施行日期）：本令自 2006 年 6 月 4 日起施行。

第二条（其他法令废除）：废除《关于保护中小企业事业范围及增进企业之间合作法施行令》。

第三条（应付款利息适用例）：第十四条适用本令施行之后支付货款首次到期。

第四条（中小企业事业调整审议会等暂行办法）：

1. 执行本令时根据以前《关于保护中小企业事业范围及增进企业之间合作法施行令》第五条设立的中小企业事业调整审议会应视为本令第二十一条规定的中小企业调整审议会。

2. 执行本令时根据以前《关于保护中小企业事业范围及增进企业之间合作法施行令》第十六条规定设立的受、委托争议调解协议会应视为根据本令第十一条规定的受、委托争议调解协议会，并在本令施行3个月之内选出委员长。

3. 执行本令时根据以前《关于保护中小企业事业范围及增进企业之间合作法施行令》第十条规定的事业调整申请和同法第二十三条规定的争议调解申请应视为根据本令第二十三条规定的事业调整申请和本令第十七规定的争议调解申请。

4. 执行本令时，如果在《关于保护中小企业事业范围及增进企业之间合作法施行令》的相关规定中，存在与本令相应的规定，则根据以前的《关于保护中小企业事业范围及增进企业之间合作法施行令》规定实施的处罚及其他处理，皆视为遵照本令实施的处理。

第五条（其他法令修订）：

1. 对于以国家为当事人的合同法施行令中部分内容的修订。

将第十二条第二项第一款中"《关于保护中小企业事业范围及增进企业之间合作法施行令》第三条"改为"《促进大中小企业合作法》第二十九条"。

2. 对于对外贸易法施行令中部分内容的修订。

第十八条第三项中"根据《关于保护中小企业事业范围及增进企业之间合作法》第十七条的规定设立的受托企业协商会"改为"根据《促进大中小企业合作法》规定设立的受托企业协商会"。

3. 对法人税法施行令中部分内容的修订。

第五十条第一项中"《关于保护中小企业事业范围及增进企业之间合作法》第九条"改为"《促进大中小企业合作法》第三十条"。

对第六十一条第四项第四款的修订：根据《促进大中小企业合作法》规定，委托企业向受托企业协商会成员企业提供债务担保。

4. 对水产业法施行令的部分修订。

第十二条第二项第一款的修订：根据《促进大中小企业合作法》第二条第二项规定的大型企业。

5. 对支援签署渔业协议等和发展水产业特别法施行令中部分内容的修订。

第五条第二项第一款的修订：根据《促进大中小企业合作法》第二条第二项规定的大型企业。

6. 对于关于资源节省和再利用促进法施行令中部分内容的修订。

第二十一条中"《关于保护中小企业事业范围及增进企业之间合作法》"改为"《促进大中小企业合作法》"。

7. 对税金特殊条例限制法施行令中部分内容的修订。

第二十二条第一项第五款中"根据《关于保护中小企业事业范围及增进企业之间合作法》规定委托企业向受托企业"改为"遵照《促进大中小企业合作法》委托企业向受托企业"。

附表五的第十四号栏的修订：受托企业协商会根据《促进大中小企业合作法》向受托企业协商会提供补助金。

8. 对于中小企业合作组合法施行令中部分内容的修订。

删除第十四条中的第一项。

9. 对以地方自治团体为当事人的合同法施行令的修订。

第十三条第二项第一款中"《关于保护中小企业事业范围及增进企业之间合作法》第三条"改为"《促进大中小企业合作法》第二十九条"。

10. 对于地区信用担保财团法施行令的修订。

第二十四条第一项第五款中"《关于保护中小企业事业范围及增进企业之间合作法》"改为"《促进大中小企业合作法》"。

第六条（与其他法令之间的关系）施行本令当时，其他法令引用从前的《关于保护中小企业事业范围及增进企业之间合作法施行令》或者其规定时，如果本令中存在相应规定，则视为取代其法令，引用本令或者本令中相应规定。

附件：中小企业固有行业指定制度的废除

1. 制度的启用和指定情况。

中小企业固有行业制度是指将适合中小企业经营的业务指定为中小企业的固有行业，在此指定行业范围内原则上不允许大企业参与，以保护中小企业业务领域的制度。

1979年首次指定23个中小企业固有行业后，发展为1983年103个、1984年205个、1989年237个；1989年启用预示废除制度（为废除已指定的固有行业设定准备期的制度）后，1994年9月1日废除58个行业、1995年1月1日废除45个行业、1997年1月1日废除47个行业、2001年9月1日废除43个行业、2005年1月1日废除8个行业、2006年1月1日废除19个行业，目前仅剩18个指定行业（见表1）。

表1　各年度中小企业固有行业指定情况

时间	1979.3	1983.8	1984.12	1989.8	1994.9	1995.1	1997.1	2001.9	2005.1	2006.1
行业数/个	23	103	205	237	180	135	88	45	37	18

2. 决定逐步废除相关制度。

中小企业固有行业制度阻止了大企业盲目的业务扩张，并促进了中小企业的创业和稳定经营，但由于内外经济环境和消费形式的变化，其效果降低，同时还存在限制竞争以致经济效率低下、开发技术和提高质量努力不足以致国际竞争力下降、现有大企业对市场进行垄断等问题。为实现政府以自律和竞争培养具有竞争力的中小企业的政策目标，决定逐步废除固有行业制度。

2000年7月21日控制改革委员会决定废除88个行业中的43个行业，并于2001年9月1日废除了这43个行业；剩余的45个行业，根据"若无特殊原因在今后5年内逐步废除"的原则，在2004年8月7日修改中小企业业务领域保护及加强企业间合作的法律实施令后，于 2004 年 12 月 31 日废除胶手套制造业等 8 个行业、2005 年 12 月 31 日废除 19 个行业、2006 年 12 月 31 日将剩余的 18 个行业全部废除（见表 2）。（促进大中小企业共生合作的相关法律）

针对大企业盲目扩张至中小企业业务领域的行为则通过业务调整制度加以限制。

表 2 中小企业固有行业解除日程及对应行业

解除日期	行业	数量/个
2004.12.31	胶手套制造业、擦光剂制造业、细铜管制造业、压缩机制造业、毛巾制造业、镜子制造业、聚苯乙烯纸张制造业、砂纸砂布制造业	8
2005.12.31	一次性注射器及注射器套件制造业、不锈钢焊接钢管制造业、铸造及再生铸铝制造业、塑料容器制造业、铁钉制造业、鱼肉腌制制造业、手套编制、天线制造业、水产品冷冻冷藏制造业、再生塑料原料制造业、笔记本制造业、粮食加工业、动物药品制造业、面条制造业、豆腐制造业、婴儿车制造业、再生轮胎制造业、镜片制造业、绝缘油制造业	19
2006.12.31	粮食烘干器制造业、瓦楞纸箱制造业、引线制造业、生石灰制造业、玉米油制造业、伞制造业、铅及铸铝制造业、阳伞制造业、油过滤器制造业、铅化制造业、铅末制造业、沥青混凝土制造业、二氧化碳制造业、镀金业、精纺编织业、镜框制造业、织袜业、其他非润滑油制造业	18

印度 2006 年中小微企业发展法

（2006 年第 27 号）

本法旨在促进中小微企业的发展和增强竞争力。同时，本法也为相关事宜提供法律依据。

关于联邦对某些产业的权益，《产业发展与调整法》（1951）第二条已做出声明。

本法适用于促进中小微企业的发展和增强其竞争力。同时，本法也为其相关事宜提供法律依据。

本法由印度共和国议会于印度成立 57 周年之际制定。

第一章 序

第一条【标题和开端】

本法被称为 2006 年中小微企业发展法。本法将于中央政府发布通告之日起开始生效。可能会针对不同条款指定不同的生效日期。任何条款中，凡涉及启动本法的内容，都应被视为此条款生效的相应依据。

第二条【在本法中的一般规定】

1. "咨询委员会"指由中央政府根据法律第七条第 2 款的规定建立的委员会。

2. "指定日期"指自接受之日起，15 日期限结束后的当日；或者从买方断定的货品及服务接受之日计算，15 日期限结束后当日。

3. 注释——鉴于此条款的目的：

（1）"接受之日"指：a）实际交货之日或提供劳务之日；或者：b）当买方自实际交货之日或提供劳务之日起 15 日内，关于货品和服务的接受提出异议，供应方解除此异议之日。

（2）"买方断定的货品及服务接受之日"意为,当买方自实际交货之日或提供劳务之日起15日内,关于货品和服务的接受没有提出任何异议时的实际交货日期或服务提供日期。

（3）"理事会"指依据第三条建立的国家中小微企业理事会。

4. "买方"指从为获取报酬的供应方购买货品或获得服务的一方。

5. "企业"指工业企业、商业的从事者或其他机构,无论取何种名称和以何种形式,从事产品的生产和制造,并且属于《产业发展与调整法》（1951）附录1中所列出的产业领域,或者是从事服务业的机构。

6. "货品"指各种可移动的财产（相对于可引起控诉的要求与金钱而言）。

7. "微型企业"指依据法律第七条第1款（1）（i）项或（2）（i）项而分类的企业。

8. "小型企业"指依据法律第七条第1款（1）（ii）项或（2）（ii）项而分类的企业。

9. "中型企业"指依据法律第七条第1款（1）（iii）项或（2）（iii）项而分类的企业。

10. "国家银行"指依照《国家农业与农村发展银行法》（1981）第三条而设立的国家农业与农村发展银行。

11. "通告"指在政府公报上发表的官方通知。

12. "所规定的"指由本法所规定的事项。

13. "储备银行"指依据《印度储备银行法》第3条成立的印度储备银行。

14. "供应方"指依据本法第8条第1款（1）与有关当局签有备忘录的小型或微型企业,包括:

（1）依照《公司法》（1956）注册的国家小型企业。

（2）依照《公司法》（1956）注册,隶属于邦或中央直辖区的小型产业发展公司。

（3）依照现行有效法律注册和成立的,销售小微企业产品和提供小微企业相关服务的公司、合作社、企业联合或者团体。

15. "小型工业银行"指依照《印度小型工业发展银行法》（1989）第三条第1款而设立的印度小型工业发展银行。

16. "邦政府"，相对于中央直辖区，指《宪法》第二百三十九条指定的行政管理机构。

第二章　国家中小微企业理事会

第三条【中小企业理事会的成立】

1. 基于本法的目的，国家中小企业理事会自中央政府指定的生效日期起成立。
2. 理事会总部设于印度首都新德里。
3. 理事会由以下成员组成。
（1）中央政府中小微企业行政管理部门的部长，依职权任理事会主席。
（2）中央政府中小微企业行政管理部门的国务部长或副部长，依职权任理事会副主席；若不存在此类级别人员，则由中央政府任命其他人员为理事会副主席。
（3）邦政府中小型工业部门或者中小微企业（据情况而定）行政管理部门的 6 位部长，由中央政府委任，经中央政府通告代表其在区域行使职权。
（4）联邦议会中的 3 位议员，其中 2 位由人民院选举产生，另外 1 位由联邦院选举产生。
（5）中央政府依职权委任的中央直辖区行政长官。
（6）中央政府中负责中小微企业的行政主管部门的政府常务秘书。
（7）由中央政府依职权委派，代表中央各部委负责工商业、金融业、食品加工业和劳工及规划的 4 位政府常务秘书。
（8）依职权任命的国家银行董事会主席。
（9）依职权任命的小型工业银行董事会的主席及管理层人员。
（10）依职权任命的印度银行协会主席。
（11）储备银行的 1 位官员，职位不低于执行理事，由中央政府任命为储备银行代表。
（12）中小微型企业协会的 20 位代表，其中的妇女企业代表不少于 3 位，微型企业代表不少于 3 位，由中央政府委任。

（13）在经济工业和科技领域做出杰出成就的3位人员，其中应包括女性，由中央政府委任。

（14）中央工会组织的2位代表，由中央政府委任。

（15）中央政府负责中小企业行政管理部门的1位官员，职位不低于政府联合秘书，由中央政府依职权委任为理事会秘书成员。

4. 在理事会中，相对于依职权委任的理事会成员，其他理事会成员的任职期限、职位填补形式以及理事会成员履行职责程序，均由本法规定；依职权委任的理事会成员，只要其仍负责相关部门工作，便处于任职期限内。

5. 仅由于以下原因，不能视为本理事会的法案或执行程序无效。

（1）在本理事会的建立过程中，出现某些职位空缺或管理方面的缺陷。

（2）在理事会成员委任中出现某些不足。

（3）某些案件执行过程中出现的无规则性，但不影响此案件的法律权威性。

6. 理事会至少每3个月召开一次会议。

7. 在必要情况下，按照本法的条款规定，理事会可以联合其他人员以获得必要协助及建议。此类人员有权参与理事会事务的谈论，但无投票表决权。

8. 若对第7款无异议，理事会主席每年至少要在2次会议中邀请小型工业或中小型企业行政管理部门的部长、中央直辖区行政长官，以及中小微企业协会的代表参会，并且该主席需认定此举对本法的实施是必要的。

9. 在此声明，本理事会办公室不得剥夺其成员选为或担任议会两院议员的资格。

第四条【理事会成员的撤销】

1. 在下列情况下，中央政府有权撤销理事会成员的资格。

（1）该成员曾经有破产记录或被宣判破产。

（2）该成员被具有相关资格的法庭判为精神不健全和思维不稳定。

（3）该成员拒绝执行法案，或作为理事成员无能力履行法案。

（4）该成员被指控有罪，并且在中央政府看来，其犯罪行径涉及道德犯罪。

（5）该成员滥用职权，造成对公众利益的损害。

2. 尽管上述条款做出了相应规定，但是对于第（3）项至第（5）项，除非有合理的证据表明理事会成员有以上行径，否则不得撤销其理事会成员资格。

第五条【理事会职能】

理事会应服从中央政府的指示，履行下列职能。

（1）分析研究影响中小微企业推广和发展的条件因素，学习贯彻中央政府制定的关于促进中小企业发展、增强中小企业竞争力和扩大中小企业影响的政策及法规。

（2）就前款事项和中央政府提出的其他相关事项，提出对促进和发展中小微企业有必要的建议，增强其竞争力。

（3）在基金使用方面（依据法案第十二条建立的基金），为中央政府提供建议。

第六条【理事会秘书团的权力和职能】

依据本法其他条款的规定，理事会秘书团成员应行使其职权，履行法案规定的义务和职能。

第三章 企业分类，咨询委员会和中小微企业备忘录

第七条【企业分类和咨询委员会】

1. "企业分类"虽然在《产业发展与调整法》（1951）的第11B条款中做出了相应规定，然而鉴于本法的目的，中央政府仍可以在遵照本条第4、第5款的前提下，为任何企业分类，无论是独资企业、不可分割的印度教家庭、协会、合作社、合伙企业，还是公司或企事业单位，且无论其取何种名称。

（1）对于从事产品生产制造的企业且属于《产业发展与调整法》（1951）第1附录中标明的产业领域，企业分类标准如下。

（i）微型企业，工厂投资和机械设备价值不超过250万卢比。

（ii）小型企业，工厂投资和机械设备价值大于250万卢比，但不超过

5000万卢比。

（iii）中型企业，工厂投资和机械设备价值大于5000万卢比，但不超过1亿卢比。

（2）对于服务业的企业，分类标准如下。

（i）微型企业，企业设备投资不超过100万卢比。

（ii）小型企业，企业设备投资大于100万卢比，但不超过2000万卢比。

（iii）中型企业，企业设备投资大于2000万卢比，但不超过5000万卢比。

注释1：为消除疑虑，特在此声明，在工厂及机械设备投资额的计算过程中，排除用于污染控制、研发、工业安全设备及其他项目的费用。

注释2：《产业发展与调整法》（1951）中第29B条款的规定同等适用于第1款（1）中（i）与（ii）所注明的企业类型。

2. 中央政府经通告建立咨询委员会。委员会由以下成员组成。

（1）中央政府中小型企业行政管理部门的政府常务秘书，依职权任主席。

（2）中央政府内具有中小微企业专业资质的政府官员（不超过5位），依职权为委员会成员。

（3）邦政府代表（不超过3位），依职权为委员会成员。

（4）微型、小型和中型企业协会各自的代表，依职权为委员会成员。

3. 理事会秘书团成员按照职权划分为相应的咨询委员会秘书团成员。

4. 中央政府在按照第1款给企业分类之前，须听取咨询委员会的建议。

5. 咨询委员会须调查与第五条相关的事项，并向理事会递交意见。

6. 对于第四章第九、第十、第十一、第十二或第十四条的内容，中央政府可以向咨询委员会寻求咨询。

7. 对于第三十条的规定，邦政府可以向咨询委员会寻求咨询。

8. 基于对以下因素的考虑，咨询委员会应与中央政府、邦政府或理事会交流意见或建议。

（1）不同类型企业的雇佣程度和水平。

（2）不同类型企业中，对工厂与设备的投资水平。

（3）不同类型企业中，技术革新、雇员的增加及企业竞争力的提高带来的更高的投资需求。

（4）中小微企业中，创业的推广和传播的可能性。

（5）中小企业分类国际标准。

9. 尽管《产业发展与调整法》（1951）第十一条 B 款和《印度土布和村庄工业委员会法》（1956）第二条 h 款已做出相应规定，中央政府仍可以在企业分类的过程中，变更投资额度标准，评判有关企业雇员及营业额的标准，将微型或超小型企业列入小型企业中。

第八条【中小企业备忘录】

1. 对于有意成立下列企业的个人：

（1）微型或小型企业，可以自行成立。

（2）服务行业的中型企业，可以自行成立。

（3）从事生产制造业的中型企业，属于《产业发展与调整法》（1951）附录1中所列出的产业领域，须与邦政府（见第4款）或中央政府（见第3款）列出的官方机构签署中小微企业备忘录。

本法生效前，对于已经成立下列企业的个人：

（i）具备注册证书的小规模工厂，可以自行决定是否签署备忘录。

（ii）从事产品生产制造的企业，且属于《产业发展与调整法》（1951）附录1中所列出的产业领域，工厂和设备投资超过1000万卢比但低于1亿卢比，履行中央政府前产业部通告第 S.O.477（E）号（1991年7月25日）并且签署过企业家备忘录，须自本法生效之日起180日内，根据本法规定签署新的备忘录。

2. 关于备忘录的签订形式、签订程序及其他可能出现的相关事宜，中央政府要在得到咨询委员会的建议后做出通报。

3. 中央政府须指定与中型企业签订备忘录的官方机构。

4. 邦政府须指定与小微企业签订备忘录的机构。

5. 第3、第4款中规定的机构须遵照中央政府依据第2款所公布的执行程序。

第四章　促进、发展以及增强中小微企业竞争力的措施

第九条【促进和发展措施】

为了促进中小微企业的发展，特别是小微企业，中央政府可以通过提高企业雇员技能，优化企业管理，帮助企业应对技术革新，提供市场辅助、基础设施以及发展产业集群，强化企业前后向联系，来制订有利于企业发展的方针、规划和指导。

第十条【贷款资质】

有关中小微企业贷款的政策及其执行程序须循序渐进，由储备银行公布相应的方针和指导，以确保中小型企业及时、顺利地获得银行贷款，降低坏账率，增强中小微企业的竞争力。

第十一条【产品及服务获取方面的优惠政策】

为了促进小型及微型企业的发展，中央政府可以通过适时发布通告的方式，对于小型企业、政府各部门、政府资助的机构和企业所生产和提供的产品和服务，制定优惠政策。

第十二条【基金】

中央政府应发布通告，成立一种或多种基金，基金名称由通告内容指定；被中央政府批准的资金都应发放（第十三条）。

第十三条【中央政府的资金让渡】

中央政府出现欠付议会规定的拨款数额时，在政府考虑必要的情况下，可以以财产让渡的形式从基金中借贷。

第十四条【基金的管理和使用】

（1）中央政府有权按照法案规定管理基金。

（2）基金须专门用于第九条中规定的措施。

（3）依据规定的标准，中央政府须负责协调基金的及时发放和使用。

第五章 关于防止延迟付款给小微企业而做出的规定

第十五条【买方付款责任】

当供应方一方向买方提供产品或服务时，买方须在由双方书面协定的日期当日或之前履行付款；若双方无此书面协定，则须在指定日期之前付款。双方协定的付款日不得超过交货日后的 45 日。

第十六条【利息的缴纳日期】

若买方没有按照第十五条的规定付给供应方相应的款项，不考虑双方之间签订的协议或现行的法律，买方有义务以按月偿还且附加复利的方式支付给供应方，付款之日为指定日期，或双方协定的交付日期后的第二日。复利率为储备银行利率的 3 倍。

第十七条【应付款项及利息支付】

对于供应方提供的产品及服务，买方有义务根据第十六条规定，将应付款额连带利息支付给供应方。

第十八条【争议调解和仲裁】

1. 不考虑现行任何法律的规定，若双方对第十七条中的应付款项有争议，任何一方都可以向小微企业促进委员会提交处理。

2. 在第 1 款的情况下接到案件提交后，若调解是遵从《仲裁与调解法》（1996）第三编提出的，委员会应执行调解工作，或寻求相关部门的协助，并参照该部门和《仲裁与调解法》（1996）第六十五至第八十一条的规定来解决争议。

3. 若第 2 款的调解工作对双方无效且被终止，委员会应继续进行争议仲裁工作，或将其提交到解决此类争议案件的机构。若仲裁程序依照《仲裁与调解法》（1996）第七条第1款中提到的仲裁协定而进行，则适用本法的相关条款。

4. 不考虑现行法律的规定，小微企业促进委员会或争议调解机构有权作为调解人或仲裁人，在处于其权限范围之内的供应方与处于印度的买方之间进行调解工作。

5. 本条中所提到的案件提交程序须自提交当日起90日内施行。

第十九条【撤销判决、裁决或命令的申请】

小微企业促进委员会或其他仲裁机构已做出判决、裁决或其他命令的，法院不受理撤销上述命令的申请，除非申请人（非供应商）已按法院指定的方式缴纳保证金，金额为判决、裁决或其他指令所涉款项的75%。

对撤销判决、裁决、命令的申请未做出决定前，法院若认为有必要，应命令买方向供应商支付一定比例的所涉款项，具体比例由法院根据案件的具体情况合理确定。

第二十条【小微企业促进委员会的建立】

邦政府须发布公告，在可以施行此类权限的地点和公告中指定的区域，建立一个或多个小微企业促进委员会。

第二十一条【小微企业促进委员会的构成成分】

1. 小微企业促进委员会应包含3～5名人员以下人员。

（1）在邦政府小规模产业或中小微企业主管部门中的工业部长或不低于工业部长级别的其他官员。

（2）一个或多个联邦微型或小型产业或企业协会的代表或办公室负责人。

（3）一个或多个为小微企业提供贷款服务的银行或金融机构的代表。

（4）一个或多个在工业、金融、法律、贸易或商业领域有突出知识和才能的个人。

2. 第1款规定的人员将担任小微企业促进委员会主席一职。

3. 关于小微企业促进委员会的组成、人员就职或卸职程序，由邦政府根据法律规定实行。

第二十二条【每年账目报表中未付账款的标注要求】

当买方依据现行法律被要求提供年度账目决算审计时，该买方在其年度账目统计中，还须提供以下信息。

（1）年度结算时，尚未付给供应方的主要账单及利息（分开显示）。

（2）每个账目审计年中，第十八条规定的买方应付的利息总额，包括在指定日期之后已付给供应方的款项总额。

（3）付款延迟的情况下，应付款项已经在当年付清但是没有支付相应的利息，须提供应付利息总额。

（4）账目审计年终时的累计利息和未付利息总额。

（5）随后几年还需交付的利息，直到此利息支付给相关小型企业。此条款基于第二十三条规定的不得减除应付利息支出的要求而制订。

第二十三条【不得从收入中扣除的利息】

不考虑《所得税法》（1961）的相关规定，为了计算收入所得金额，买方须付的利息不得减除。

第二十四条【法律优先权】

如第十五至第二十三条的规定与现存法律有矛盾，须按照第十五至第二十三条的规定执行。

第二十五条【关闭中小微企业的方案】

不考虑现行法律的规定，关于中小微企业的关闭且撤销其依据《公司法》（1956）的注册，中央政府须在本法生效之日起1年内公布该方案。

第六章 杂项规定

第二十六条【官员和职员的任命】

1. 基于本法的目的，中央政府或邦政府可以委派官员或其他工作人员，使其享有和履行本法中规定的权限和职能。

2. 根据第1款任命的官员，为了本法的目的，可以经过上级命令要求相关人员提供规定的信息。

第二十七条【违反第八条、第二十二条、第二十六条的处罚规定】

1. 凡是蓄意抵触、试图违反或怂恿他人违反第八条第1款以及第二十六条第2款规定的，将受到法律制裁。

（1）对于初犯人员且首次定罪，处以1000卢比的罚款。

（2）对于第二次或屡次犯罪人员，处罚金额不得少于1000卢比，可以超过1万卢比。

2. 若买方违犯第二十二条规定，当处以不少于1万卢比的罚款。

第二十八条【法庭权限】

低于首都地区行政级别或高等行政级别的治安法庭，无权处以本法规定的刑罚。

第二十九条【制定法规的权力】

1. 中央政府可以发布公告，制定施行本法的法令法规。

2. 若对上述权力的一般适用性无异议，该法令法规应对以下部分或全部事项做出规定。

（1）理事会成员任职期限，就职程序，卸职程序（第三条第4款规定）。

（2）理事会秘书团的权力和职能（第六条规定）。

（3）基金管理方法（第十四条第1款规定）。

（4）基金发放数额标准（第十四条第3款规定）。

（5）需提供的信息和提供信息的方式（第二十六条第 2 款规定）。

（6）本法即将或已经规定的其他事项。

3. 依据第九条规定发布的通告和中央政府依据本条制定的法规一经制定，须在 30 日内提呈至联邦议会两院审议。在议院会议期间，会出现多个会议期时间上的重合，经两院同意，可以对通告或法规做出修改，也可规定之前未修改的通告无法律效应；然而，对于之前发布的通告或指定的法规，其有效性仍然存在。

第三十条【邦政府制定法规的权力】

1. 邦政府可以发布公告，制定施行本法的法令法规。

2. 若对上述权力的一般适用性无异议，该法令法规应对以下部分或全部事项做出规定。

（1）小微企业促进委员会的组成，成员就职程序，卸职程序（第二十一条第 3 款规定）。

（2）本法即将或已经规定的其他事项。

3. 根据本条制定的法规，涉及两院的，应提交至邦议会两院审议；涉及一院的，提交该院审议。

第三十一条【解决困难的权力】

1. 在本法条款生效方面若遇到问题，中央政府可以在必要的情况下，在政府通告中制定与本法条款相一致的条令，以促使本法条款生效；本法生效两年后，不得颁布与本条相应的条令。

2. 本法的所有规定都应提呈至联邦议会两院审理。

第三十二条【废除法案】

1. 特此废除《小型和附属工业企业延迟支付利息法》（1993）。

2. 尽管已废除了上述法规，根据上述法规已经实施的事项或行动应视为依据本法相关规定实施。